RITUAIS
DE PODER
PARA A
VIDA

Encontre Sentido em
seus Momentos Cotidianos

Meera Lester

RITUAIS
DE PODER PARA A VIDA

Encontre Sentido em
seus Momentos Cotidianos

Tradução:
Rosalia Munhoz

Publicado originalmente em inglês sob o título *Rituals for Life*, por Adams Media.
© 2017, Simon & Schuster, Inc.
Direitos de edição e tradução para o Brasil.
Tradução autorizada do inglês.
© 2018, Madras Editora Ltda.

Editor:
Wagner Veneziani Costa

Produção e Capa:
Equipe Técnica Madras

Tradução:
Rosalia Munhoz

Revisão da Tradução:
Marcelo Albuquerque

Revisão:
Silvia Massimini Felix
Margarida Ap. Gouvêa de Santana
Neuza Rosa

**Dados Internacionais de Catalogação na Publicação
(CIP) (Câmara Brasileira do Livro, SP, Brasil)**

Lester, Meera Rituais de Poder para a vida : encontre sentido em seus momentos cotidianos / Meera Lester ; tradução Rosália Munhoz. -- São Paulo : Madras, 2018.

Título original: Rituals for life : find meaning in your everyday moments.
ISBN 978-85-370-1155-3

1. Crescimento pessoal 2. Bem-estar 3. Equilíbrio 4. Mente e corpo 5. Qualidade de vida I. Título.

18-18826   CDD-158.1

Índices para catálogo sistemático:
1. Conduta de vida : Psicologia aplicada   158.1
Iolanda Rodrigues Biode - Bibliotecária - CRB-8/10014

É proibida a reprodução total ou parcial desta obra, de qualquer forma ou por qualquer meio eletrônico, mecânico, inclusive por meio de processos xerográficos, incluindo ainda o uso da internet, sem a permissão expressa da Madras Editora, na pessoa de seu editor (Lei nº 9.610, de 19/2/1998).

Todos os direitos desta edição, em língua portuguesa, reservados pela

MADRAS EDITORA LTDA.
Rua Paulo Gonçalves, 88 – Santana
CEP: 02403-020 – São Paulo/SP
Caixa Postal: 12183 – CEP: 02013-970
Tel.: (11) 2281-5555 – Fax: (11) 2959-3090
www.madras.com.br

Índice

Introdução 11
Capítulo 1: Iniciando-se nos Rituais 13
    Objetos em seus rituais 14
    Como usar este livro 15
Capítulo 2: Rituais para Tornar-se Mais Saudável 17
    Ritual 1: Acolha o Amanhecer 19
    Ritual 2: Faça Respirações Profundas 20
    Ritual 3: Cante 21
    Ritual 4: Aspire uma Lembrança 22
    Ritual 5: Use os Sons da Semente Bija 23
    Ritual 6: Aprecie o Arco-Íris 24
    Ritual 7: Polvilhe com Cúrcuma 25
    Ritual 8: Coma para a Saúde dos Olhos 26
    Ritual 9: Revigore seus Olhos 27
    Ritual 10: Perceba Sinais de Problemas de Saúde 28
    Ritual 11: Encontre Tempo para Ecoterapia 28
    Ritual 12: Desfrute de um Sono Melhor 30
    Ritual 13: Adote *Lagom* 31
    Ritual 14: Faça uma Raspagem Ritual 32
    Ritual 15: Amarre ou Retire seus Sapatos e Vá em Frente ... 33
    Ritual 16: Aproveite a Ioga Pré-Natal 34
    Ritual 17: Mantenha seu Intestino Saudável 35
    Ritual 18: Tente Acupuntura como Terapia Preventiva 36
    Ritual 19: Saboreie o Chá-Verde Sublime 37
    Ritual 20: Pratique *Qi Gong* ou *Tai Chi* 38
Sequências 39
Capítulo 3: Rituais para um Eu Mais Empoderado 41
    Ritual 21: Descubra sua Luz Interior 43
    Ritual 22: Agende uma Massagem Aiurvédica 44

Ritual 23: Encontre seu Poder Interior 45
Ritual 24: Cultive sua Magnificência Interior 46
Ritual 25: Proporcione o Dom da Vida 47
Ritual 26: Cultive um Sentido de Propósito 48
Ritual 27: Desenvolva um Amor-Próprio Profundo 49
Ritual 28: Impregne um Xale com Prana 50
Ritual 29: Crie sua Narrativa 51
Ritual 30: Seja Corajoso 52
Ritual 31: Realize um Sonho 53
Ritual 32: Estabeleça Limites 54
Ritual 33: Cultive sua Singularidade 55
Ritual 34: Ative sua Voz Autêntica 56
Ritual 35: Desperte seu Feminino Poderoso 57
Ritual 36: Desfrute de uma Renovação por Cinco Minutos ... 58
Ritual 37: Cerque-se de Coisas Significativas 59
Ritual 38: Celebre suas Amizades 60
Ritual 39: Comungue com o Sagrado 61
Ritual 40: Adicione Maestria a seu Legado 62
Sequências 63
Capítulo 4: Rituais para Ser Mais Pacífico 65
Ritual 41: Descanse sob Cetim Perfumado 67
Ritual 42: Mime seu Sentido do Olfato 68
Ritual 43: Perdoe Mágoas Antigas 69
Ritual 44: Beba um Elixir Poderoso 70
Ritual 45: Encontre a Paz em Meio à Incerteza 71
Ritual 46: Proteja-se em uma Bolha Visual 72
Ritual 47: Pratique Bondade Amorosa Consigo 73
Ritual 48: Desvie Danos de Ruído de Fundo 74
Ritual 49: Encontre a Paz por Meio da Arte 75
Ritual 50: Toque a Paz por Todo o seu Dia 76
Ritual 51: Ultrapasse a Perfeição 77
Ritual 52: Reconheça seus Dons Excepcionais 78
Ritual 53: Mergulhe na Consciência Serena 79
Ritual 54: Embarque em um Retiro Pessoal 80
Ritual 55: Rompa com a Negatividade 81
Ritual 56: Faça um Passeio Sensual na Chuva 82

Ritual 57: Obtenha Paz de Espírito..83
Ritual 58: Proporcione Expressão à sua Alma........................84
Ritual 59: Arranje Tempo para a Meditação..........................85
Ritual 60: Encontre a Paz pela Autoaceitação.......................86
Sequências...87
Capítulo 5: Rituais para Ser Mais Próspero 89
Ritual 61: Elimine Pensamentos de Escassez........................91
Ritual 62: Escreva uma Lista de Bênçãos...............................92
Ritual 63: Borrife um Perfume de Sucesso............................93
Ritual 64: Atraia a Abundância com Citrino........................94
Ritual 65: Acesse a Deusa da Fortuna.....................................95
Ritual 66: Marque seu Subconsciente 96
Ritual 67: Mantenha o Dinheiro Circulando em sua Órbita ..97
Ritual 68: Use *Feng Shui*..98
Ritual 69: Pegue seu Talão de Cheques..................................99
Ritual 70: Adote sua Mentalidade de Milionário 100
Ritual 71: Repare no Valor de sua Vida...............................101
Ritual 72: Crie um Mural..102
Ritual 73: Reúna um Círculo de Amigos à sua Volta.......103
Ritual 74: Busque a Riqueza Interior....................................104
Ritual 75: Pendure um Carrilhão 105
Ritual 76: Use o Poder da Imaginação..................................106
Ritual 77: Nutra Outros em Direção à sua Grandeza 107
Ritual 78: Mude sua Mentalidade..108
Ritual 79: Compartilhe Possibilidades de Riqueza
de Forma Diária...109
Ritual 80: Busque Servir Antes de Tudo..............................110
Sequências...111
Capítulo 6: Rituais para Ter Mais Gratidão.............................113
Ritual 81: Respire Gratidão..115
Ritual 82: Preste Homenagem às suas Mãos......................116
Ritual 83: Mantenha um Diário de Gratidão.....................117
Ritual 84: Semeie Sementes de Gratidão.............................118
Ritual 85: Expresse Gratidão em Casa..................................119
Ritual 86: Mostre Gratidão com *Ahimsa*..............................120
Ritual 87: Visite um *Ashram*..121

    Ritual 88: Escreva uma Carta..122
    Ritual 89: Renove seu Olhar..123
    Ritual 90: Reze com Frequência..124
    Ritual 91: Analise as Intenções por Trás de seus Presentes...125
    Ritual 92: Seja Grato aos seus Animais de Estimação...........126
    Ritual 93: Valorize seu Sucesso Material 127
    Ritual 94: Poste Retratos nas Mídias Sociais........................128
    Ritual 95: Instale um Jarro de Prêmio de Gratidão................129
    Ritual 96: Fortaleça os Laços de Amor 130
    Ritual 97: Tire os Velhos Álbuns de Fotos do Armário........131
    Ritual 98: Pendure uma Lousa com Canetas 132
    Ritual 99: Retribua...133
    Ritual 100: Faça um Retiro de Gratidão 134
Sequências 135
Capítulo 7: Rituais para Melhorar sua Intenção..............................137
    Ritual 101: Aprenda a Ser Preciso 139
    Ritual 102: Agarre a Oportunidade quando Ela se Mostrar .140
    Ritual 103: Seja seu Próprio Herói 141
    Ritual 104: Encontre o Amor Verdadeiro..............................142
    Ritual 105: Crie uma Nova Vida...143
    Ritual 106: Intenções para Lidar com a Dor 144
    Ritual 107: Cultive uma Saúde Perfeita.................................145
    Ritual 108: Encontre o Emprego de seus Sonhos 146
    Ritual 109: Defina uma Intenção para sua Prática de Ioga ...147
    Ritual 110: Declare a Intenção de ser
    um Progenitor Melhor..148
    Ritual 111: Receba seu Convidado como Deus 149
    Ritual 112: Funcione com Dieta 150
    Ritual 113: Intenção para mais Força de Vontade 151
    Ritual 114: Entendendo-se Melhor com os Outros...............152
    Ritual 115: Controle suas Emoções..153
    Ritual 116: Crie um Carma melhor..154
    Ritual 117: Trabalhe pela Mudança Global 155
    Ritual 118: Traga Luz para seu Desejo de Empreender........156
    Ritual 119: Seja uma Força para o Bem
    em sua Comunidade 157

Ritual 120: Reivindique sua Divindade 158
Sequências 159
Capítulo 8: Rituais para Maior Conexão com a Terra 161
    Ritual 121: Torne-se a Raiz da Árvore 163
    Ritual 122: Toque sua Raiz 164
    Ritual 123: Faça um Retiro para a Prática de *Mouna* 165
    Ritual 124: Ancore-se 166
    Ritual 125: Afine seu Chacra *Muladhara* 167
    Ritual 126: Arranje Tempo para Dormir Mais 168
    Ritual 127: Use os Cristais Antigos 169
    Ritual 128: Crie um Ritual de Ioga Personalizado 170
    Ritual 129: Explore o Tônico da
    Vida Selvagem de Thoreau 171
    Ritual 130: Passe Momentos de Qualidade em uma Rede 172
    Ritual 131: Aceite o que Você Não Pode Mudar....................173
    Ritual 132: Procure Alicerces Espirituais 174
    Ritual 133: Visite a Praia 175
    Ritual 134: Escolha Minimizar suas Perdas 176
    Ritual 135: Fique Ancorado Instantaneamente 177
    Ritual 136: Sente-se em seu Tapete Mágico 178
    Ritual 137: Bloqueie os Sentidos..179
    Ritual 138: Compartilhe Alimento..180
    Ritual 139: Passe Bons Momentos com a Srta. Gatinha.........181
    Ritual 140: Encontre Espaço em seu Coração 182
Sequências 183
Capítulo 9: Rituais para se Renovar 185
    Ritual 141: Assuma sua Natureza Selvagem........................187
    Ritual 142: Faça uma Escolha Profunda 188
    Ritual 143: Procure Fazer a Reforma Fundamental..............189
    Ritual 144: Pare de Arar Terreno Velho.................................190
    Ritual 145: Vaporize seu Velho Eu para Longe 191
    Ritual 146: Cultive Novos Amigos 192
    Ritual 147: Chacoalhe Tudo 193
    Ritual 148: Arrume a Bagunça..194
    Ritual 149: Faça o Inesperado 195
    Ritual 150: Desenvolva uma Mentalidade Esperançosa......196

Ritual 151: Invista em um Novo Passatempo..........................197
Ritual 152: Coloque Algum Otimismo em sua
Vida com um Ritual... 198
Ritual 153: Peça a Três Amigos para o Raptarem...................199
Ritual 154: Organize um Grupo 200
Ritual 155: Dê uma Escapulida para um Retiro de Casais....201
Ritual 156: Crie um Dia do Perdão 202
Ritual 157: Contemple a Morte..203
Ritual 158: Mude a Energia do Espaço Pessoal 204
Ritual 159: Abra Mão dos Porquês..205
Ritual 160: Cultive o Amor-Próprio..206
Sequências 207
Capítulo 10: Dias Cheios de Rituais...209
Aplique Rituais à Saúde 210
Foque em Ser Mais Empoderado 211
Acesse um Estado de Maior Paz 211
Cultive sua Prosperidade..212
Expresse-se Mais Gratidão 212
Entre em Contato com seu Lado mais Intencional................213
Aterre-se Quando Precisar de Equilíbrio 214
Crie um Eu Mais Renovado 214
Índice Remissivo..217

Introdução

Rituais, ou atos repetitivos, já preenchem nossas vidas. Alguns se tornaram tão comuns – nossa xícara de café matinal, abraços nos amigos, caminhadas à tarde – que mal prestamos atenção a eles. Contudo, mesmo os atos mais comuns e repetitivos podem acrescentar sentido à sua vida.

Logo você descobrirá como transformar atividades cotidianas em exercícios de atenção plena. Ao transmitir propósito em suas ações, você será capaz de recorrer a elas como método de autofortalecimento, recorrendo a esses rituais para sentir-se centrado, conectado e aterrado. A intenção deste livro é ajudá-lo a tornar-se mais consciente de suas ações, transformá-las em rituais e proporcionar a elas uma riqueza que as torne ainda mais significativas.

Do momento em que você acorda até a hora em que vai dormir, existem várias oportunidades para empoderar tudo o que você faz. Algumas das sugestões incluídas neste livro lidam com autorreflexão para uma mente sã, outras promovem o aperfeiçoamento de sua saúde física, e algumas visam fortalecer as ligações com as pessoas à sua volta.

Você será capaz de usar essas ideias individualmente, ou aprender como criar rotinas intencionais para melhorar seu bem-estar e estruturar seu dia. Quando encontra o padrão adequado de rituais em sua vida, você sente-se realizado, nutrido e nos eixos com seu destino. Os rituais delineados nos capítulos seguintes – e quaisquer outros que você possa desenvolver no futuro após se sentir confortável com estes – são um modo de reservar tempo para criar sentido e propósito hoje e todos os dias.

Capítulo 1

Iniciando-se nos Rituais

Seja participando em um ritual sozinho ou com um grupo, ao engajar-se nele você estará participando de uma atividade repleta de emoções – orgulho, felicidade, serenidade e por aí adiante. Elas podem ser simples ou complexas, mas em qualquer dos casos sua ação faz com que você olhe para o mundo de forma diferente e encontre força dentro de si. Algumas vezes um ritual pode ajudá-lo a se acalmar. Caso esteja com medo de algo, o ritual pode proporcionar-lhe coragem. Alguns rituais enchem-no de orgulho e felicidade.

Rituais podem incluir:

- Casamentos e funerais
- Cerimônias civis (por exemplo, ser convocado para as Forças armadas)
- Ritos de passagem (por exemplo, nascimentos, graduação na universidade)
- Devoção
- Meditação
- Limpeza e purificação
- Nascimento e batismo
- Nomeação

Em geral, realizamos rituais porque esperamos um resultado específico – reafirmação, força, esperança renovada, apoio, controle, alívio de pressão e estresse, e um sentido de pertencimento fortalecido. Executamos rituais para uma plateia, mesmo se essa plateia for apenas nós mesmos. Rituais inspiram sonhos, despertam a visão criativa, sugerem novos caminhos e oferecem cura. Eles nos ajudam a explorar novos lugares em nossa interioridade e nos outros.

Objetos em seus rituais

Você não precisa usar um objeto para seu ritual, mas, para alguns, um objeto pode ajudar. Você pode querer usar um item que se comunica por meio de seu som, sabor ou aroma. Do perfume de flores frescas e o sabor de pimentas quentes ao som de sinos e o conforto tátil de cristais, você pode usar um número de itens variados em sua cerimônia.

Como usar este livro

Em cada ritual sugerido, você encontrará informação geral, incluindo um benefício pretendido ao fazer o ritual. Você também encontrará sugestões sobre como tornar a cerimônia mais significativa. Quanto tempo você leva para realizar o ritual e quando o faz, durante o dia ou a noite, é você quem decide. A única pessoa que pode decidir como encaixar um ou mais rituais em sua vida é você. Os rituais oferecidos neste livro são bastante genéricos; torne-os seus usando imaginação e criatividade ou imaginando outros novos.

No fim de cada capítulo há algumas sequências sugeridas para alguns dos rituais. Elas foram criadas para ajudá-lo, mas você pode preferir desenvolver suas próprias sequências. Os rituais podem funcionar em conjunto para reforçar e melhorar um ao outro, e as sequências o ajudarão nisso.

Por meio de rituais você pode criar significado em sua vida, tantos nos grandes momentos animados quanto nos pequenos momentos corriqueiros. Use rituais para descobrir os segredos que você mantém dentro de si. Assim poderá trazer alegria para cada momento de seu dia.

Capítulo 2

Rituais para Tornar-se Mais Saudável

A saúde vibrante de corpo e mente é um tesouro a ser salvaguardado até o último suspiro. Sem uma saúde robusta, como você pode alcançar o máximo desempenho ou funcionamento ideal em qualquer outra área de sua vida? Talvez você já faça um treino diário e também coma alimentos nutritivos, permaneça hidratado e tenha um sono adequado. Para benefícios de saúde maximizados, acrescente atenção plena para transformar uma rotina em ritual. Talvez a prática mais simples que você possa fazer é simplesmente parar e apenas existir. Enquanto você estiver fisicamente em repouso e atento, perceba como seus sentidos expressam a vitalidade de seu corpo.

Atenção plena acrescenta à sua rotina o benefício de uma memória aprimorada, equilíbrio hormonal estável, um sistema imunológico mais forte, menos dor, pressão sanguínea mais baixa e melhor sono. A atenção plena o ancora no aqui e agora, o que significa que você está vivendo o momento, não obcecado com o passado ou temeroso com o futuro.

Além de adotar alguns dos rituais deste capítulo, você deve tentar pedir ao espaço de seu coração por orientação sobre a saúde de seu corpo e depois ouvir a resposta. Tem sido repetido com frequência que o corpo tem sua própria sabedoria. Um corpo que é vigoroso, com mente aguçada e emocionalmente estável e feliz está comunicando boa saúde. Quando algo não está certo, você sabe. Atenção plena o capacita a entrar em sintonia com os sinais.

Ritual 1
Acolha o Amanhecer

Desperte suas vibrações enquanto desperta para o dia

Estudos mostram que as pessoas que acordam cedo são mais saudáveis, felizes e mais produtivas do que seus colegas corujas. Acordar cedo não significa que você deva pular da cama. Antes de se livrar daquelas cobertas para beber água, realizar sua higiene, exercícios e tomar o café da manhã, reserve algum tempo para relaxar naquele espaço tranquilo entre o sono e o despertar com um ritual matinal que foca em reunir energia positiva. Não saia com pressa desse estado intermediário tranquilo conhecido como estado hipnopômpico. Como sua contraparte, o estado hipnagógico (entre o estado desperto e o sono), ele lhe reserva dádivas de fenômeno extraordinário, incluindo:

- Imagética intensa.
- Sons audíveis da Natureza, vozes e música.
- Sensações de sabor.
- Sensibilidade tátil.
- Odores do outro mundo de incenso, florais ou cheiros não identificáveis.
- Um sentido de presença magnificado.

Desde os tempos antigos, os iogues enalteceram a hora e meia antes do nascer do sol como o período mais auspicioso do dia. Alguns acreditam que acessar a positividade e o poder dos estados meditativos profundos é mais fácil na madrugada, quando sua mente está imóvel. Mantenha uma pedra pequena ao lado da cama. Segure-a ao despertar para lembrar-se de gerar vibrações positivas a partir dessa hora e carregue-a consigo durante o dia.

Ritual 2
Faça Respirações Profundas

Ancore sua mente para saudar seu eu essencial

A partir do momento em que você desperta, sua mente começa a tagarelar em um fluxo contínuo de pensamentos. Estabeleça um estado mental positivo contando um ciclo de respirações profundas e lentas por cinco minutos ou mais. Torne a contagem de sua expiração duas vezes mais longa que a de sua inalação. Ou faça seu *pranayama* favorito (controle respiratório). O trabalho de respiração consciente é um jeito infalível de acalmar o ruído em sua mente, reduzir a velocidade da tagarelice mental e centrar seus pensamentos. A respiração profunda pode ser feita a qualquer momento durante o dia, quando você tiver um ou dois minutos livres.

Antes de um ritual matinal de trabalho respiratório, perceba o seguinte:

• Evite comer por várias horas (fácil quando você faz a prática quando despertar).
• Beba apenas água meia hora antes da prática.
• Use roupas folgadas.
• Alinhe sua cabeça e coluna vertebral para uma postura correta.

Comer e beber pode causar distúrbio estomacal e você não quer suas roupas amarrando-o enquanto pratica a respiração profunda.

A respiração profunda desintoxica seu corpo e oxigena suas células enquanto libera o estresse e as tensões. Ela fortalece os pulmões, coração e sistema imunológico, e também eleva o humor, aumenta a resistência e gera acuidade mental. A mente acompanha a respiração. Assim como a brisa interrompe a agitação do lago e a superfície se torna calma e transparente, de forma semelhante, quando é ancorada em respiração com atenção plena, sua mente atinge clareza com o poder de refletir seu eu essencial.

Ritual 3
Cante

Invoque o poder da energia positiva

Cantar possui uma potência que o empodera para sentir-se mais feliz, relaxado, focado e em propósito com sua vida. Seus centros de energia espiritual (chacras) e energia de força da vida (prana) se tornam supercarregados com vibrações positivas durante uma sessão de canto. Estudos em neurociência sugerem que cantar bloqueia a liberação de hormônios de estresse enquanto incrementam a função imune, abrandando a ansiedade, diminuindo a pressão arterial e o colesterol, e melhorando o humor. No momento em que você canta, as vibrações sonoras transmitem uma aura invisível de energia positiva poderosa para o espaço em torno e fora de você para onde a energia fluir.

Mantras podem ser cantados ritualmente para a cura, rejuvenescimento, revigoramento e avanço espiritual. Cantar exalta seus pensamentos e sensações positivas e o empodera a atrair para sua órbita pessoas benéficas, novas oportunidades e situações desejáveis, de acordo com a antiga lei espiritual da atração. E, o mais importante, a positividade que advém de seu canto é um fator na saúde robusta, felicidade e longevidade. Se você não conhece um mantra, cante a antiga mãe de todos os mantras, Om (pronunciado "Aum"). Esse som primordial puro é muito usado para abrir e fechar orações e escrituras carregadas de espiritualidade. Passe contas de canto por seus dedos enquanto forma os sons. Também conhecidas como contas de oração, as contas de canto ajudam-lhe a manter controle sobre o número de vezes que você recita um canto ou faz um ciclo de respirações durante a meditação. Cantar tem tudo a ver com as vibrações do som que você sente ressoando durante o canto, e você pode usar isso para infundir sua vida com energia positiva.

Ritual 4
Aspire uma Lembrança

Use o aroma a fim de mudar para um humor mais saudável e feliz

A conexão entre aroma e lembranças começa no ventre e desenvolve-se à medida que você cresce. Seu nariz aprende a detectar milhares de cheiros e associar determinados odores com lembranças especiais. Dois receptores olfativos em suas fossas nasais transportam odores para o sistema límbico (a parte do cérebro antiga e primitiva que se acredita ser o local das emoções). Você pode reagir emocionalmente a um cheiro mesmo antes de poder reconhecê-lo e nomeá-lo.

Aromas que trazem lembranças prazenteiras elevam seu humor, o que contribui para a boa saúde, melhora a criatividade e incrementa as habilidades de resolver problemas.

Mantenha à mão um frasco de óleo essencial que você associa com uma lembrança pessoal prazenteira ou escolha limão (para alegria), lavanda (para clareza e alívio do estresse) e alecrim (para energia). Em uma flanela dobrada ao meio e depois ao meio de novo, coloque uma gota ou duas na parte de cima.

1. Feche os olhos.
2. Segure o tecido perfumado sob seu nariz.
3. Permita que uma lembrança afetuosa surja em seus pensamentos.
4. Inale suavemente e conte até quatro.
5. Segure a respiração na contagem de quatro.
6. Exale contando até oito e repita pelo menos três vezes.

Use esse ritual cada vez que sentir a necessidade de voltar a um estado emocional mais feliz.

Ritual 5
Use os Sons da Semente Bija

Restaure o equilíbrio dos seus sete chacras

A tradição védica antiga ensina que determinadas vibrações sonoras têm o poder de estimular o crescimento transformador e fomentar saúde vigorosa. Esses sons específicos são conhecidos como *bija* (ou sons de uma sílaba) e estão associados com seus sete chacras principais. Chacras são centros ao longo da coluna vertebral na qual a energia é focada com intensidade. As localizações desses chacras (situados da base da coluna ao topo de sua cabeça) recebem e irradiam a energia por todo o seu sistema mente-corpo. Quando a energia do chacra é obstruída ou interrompida, a saúde mental e física pode ser afetada negativamente. Por outro lado, quando os chacras estão alinhados e em bom equilíbrio, você notará uma acuidade mental aguçada, criatividade robusta e expansão da consciência.

Cante o som para cada chacra de seis a dez vezes enquanto sente o som vibrar no fundo de sua garganta e entre seus lábios.

1. Muladhara (chacra raiz) – Lam.
2. Svadhisthana (chacra do umbigo) – Vam.
3. Manipura (chacra do plexo solar) – Ram.
4. Anahata (chacra do coração) – Yam.
5. Vishuddha (chacra da garganta) – Ham.
6. Ajna (chacra do terceiro olho) – Om.
7. Sahasrara (chacra da coroa) – Om.

Leve a afinação de seu chacra um passo além; localize e ouça uma sequência de afinação do chacra no YouTube ou em um aplicativo que você baixe do iTunes. Ouça, hum, e sinta aquela vibração afinar.

Ritual 6
Aprecie o Arco-Íris

Jante alimentos saborosos e coloridos

Quer você chame a mais nova mania de alimento saudável de tigela de Buda, tigela *hippie*, tigela arco-íris ou tigela de grãos e vegetais antigos, ela garante fornecer uma abundância de nutrição equilibrada para manter seu corpo e cérebro saudáveis. Para um ritual na hora do almoço, crie uma tigela nutritiva com vitaminas e sais minerais de alimentos com a cor do arco-íris. Inclua vegetais frescos ou cozidos, frutas, proteína e gordura, mas limite os carboidratos. Siga estes passos simples.

1. Coloque uma base de folhas coloridas e frescas, tais como couve, espinafre e uma variedade de alfaces, em uma tigela de tamanho médio.

2. Acrescente vegetais crus como brócolis verde, milho doce, beterrabas púrpuras fatiadas, cebola vermelha, cenouras laranja, cogumelos bege e espadas brancas de nabo mexicano, ou vegetais cozidos como lentilhas verdes e outros de várias cores e tamanhos.

3. Inclua ingredientes ricos em proteína (carne grelhada, ovos ou tofu).

4. Acrescente uma fonte de gordura saudável (peixe, abacate, castanhas).

5. Espalhe castanhas, sementes ou frutas vermelhas sobre o topo e mexa tudo se desejar misturar os ingredientes.

Pratique a atenção plena budista. Desligue todos os pensamentos que o distraiam e foque toda a consciência de seu corpo e mente no que você está experimentando em um momento único. Permaneça totalmente absorvido nessa prática enquanto você desfruta, por exemplo, de uma cenoura, uma vagem ou uma fatia de maçã. Contemple a fonte daquele pedacinho e sinta gratidão pelo bem que ele faz ao seu corpo.

Ritual 7
Polvilhe com Cúrcuma

Ganhe benefícios potentes à saúde vindos dessa especiaria sagrada

Certifique-se de ter um frasco de cúrcuma em seu cesto de especiarias se você deseja ter um ingrediente poderoso para manter uma boa saúde e tratar uma gama de enfermidades. Acrescente essa especiaria amarela que os iogues associam ao chacra do plexo solar a seus grãos antigos, arroz, batatas assadas, abóbora grelhada, sopas, *molhos de curry* e bebidas tais como sucos verdes e chás.

De acordo com a medicina Siddha, a antiga tradição da cultura tâmil do sudeste da Ásia, uma alma saudável deve ter um corpo saudável. A ciência Siddha vê a cúrcuma como um remédio potente. Na Ayurveda (medicina tradicional indiana), acredita-se que a cúrcuma ajuda aos que sofrem de artrite, colesterol alto e enfermidades do fígado. A ciência moderna demonstrou as propriedades anti-inflamatórias, antivirais, antifúngicas e antioxidantes graças ao ingrediente ativo da cúrcuma, a curcumina, e possivelmente outros de seus componentes. Embora a pesquisa esteja em andamento, foi descoberto que um componente diferente da cúrcuma conhecido como ar-turmerone estimula a regeneração de células-tronco no cérebro, e estudos sugerem que a especiaria protege contra o Alzheimer.

Depois de uma meditação ritual e oblação, prepare uma xícara de chá-verde ou de gengibre colocando no chá um pouco de leite de amêndoa e uma pitada de cúrcuma. Acrescente mel para adoçar. Depois de oferecer sua libação ao Universo, relaxe e desfrute de sua bebida sabendo que ela não só tem um sabor delicioso; ela é boa para seu corpo e sua alma.

Ritual 8
Coma para a Saúde dos Olhos

Mastigue cenouras e vegetais poderosos

Os olhos são seus órgãos da visão, proporcionando-lhe a habilidade de perceber formas, distâncias, cores e movimentos. Sua visão é de suma importância para quase tudo que você faça. Para manter os olhos saudáveis, coma cenouras, espinafre e couve. Cenouras contêm betacaroteno, um tipo de vitamina A que beneficia a retina e outras partes do olho. Alimentos que estão cheios de nutrientes para olhos saudáveis podem ser encontrados entre as folhas verdes. O espinafre e a couve, por exemplo, têm alta porcentagem dos antioxidantes poderosos luteína e zeaxantina e são excelentes para neutralizar a exposição dos olhos à luz solar, poluição e fumaça de cigarros. Para prevenir perda de visão ligada ao envelhecimento, cataratas e degeneração macular, escolha vegetais e frutas que contêm altas concentrações de luteína e zeaxantina e também vitamina C e E, além de ácidos graxos ômega 3.

Boas fontes de vitamina C incluem morangos, papaia, laranjas, toranja, couve-de-bruxelas e pimentas verdes. Para manter o tecido dos olhos forte e saudável, escolha alimentos com grande concentração de vitamina E, tais como amêndoas, noz-pecã, sementes de girassol e germe de trigo. Torne um ritual diário incluir esses alimentos em sua tigela de Buda ou incorpore-os em uma vitamina. Ofereça uma oração antes de mimar suas papilas gustativas e depois agradeça.

Ritual 9
Revigore seus Olhos

Use as palmas de suas mãos para aquecê-los

Se você experimenta fadiga ocular depois de horas olhando para uma tela de computador, estudando para testes, assistindo a um evento, examinando documentos ou fixando o olhar em um aparelho eletrônico, você não está só. Aproximadamente 90% de todos os usuários de computadores cujo trabalho envolve olhar para um monitor de computador por três horas ou mais durante o dia podem sofrer de um ou mais dos sintomas comuns de vista cansada. Esses incluem sensibilidade à luz, dificuldade para focar, olhos ressecados, pálpebras caídas e dores de cabeça. Para uma restauração rápida dos olhos, coloque fatias de pepino resfriadas, um saco de ervilhas congeladas, ou um pano encharcado com água gelada ou leite sobre suas pálpebras fechadas. Outra opção é tentar essa técnica simples de ioga para os olhos:

1. Relaxe em uma cadeira e feche os olhos.
2. Faça cinco respirações profundas, inalando e exalando.
3. Esfregue as palmas das mãos uma na outra, bem rápido, para gerar calor.
4. Coloque suas palmas sobre os olhos fechados e sinta o calor aquecendo o tecido em torno das pálpebras.
5. Relaxe profundamente na escuridão e quentura por quanto tempo você possa sentir o calor.
6. Repita os passos muitas outras vezes, o quanto for necessário.

Diminuirá a sensação de fadiga dos olhos, que ficarão revitalizados e mais capazes de focar.

Ritual 10
Perceba Sinais de Problemas de Saúde

Observe suas unhas

Em geral, as unhas trazem pistas sobre o estado de sua saúde. Unhas saudáveis são fortes, uniformes e rosadas. Unhas pálidas podem ser sinal de anemia, má nutrição, doença no fígado e até falência cardíaca. Unhas brancas e dedos com icterícia sinalizam problemas com a saúde do fígado. Unhas amarelas com engrossamento são um sinal comum de infecção por fungos e em casos raros podem estar indicando doença nos pulmões ou na tiroide, ou então diabetes. Unhas naturais e sem pintura que mostram uma coloração azulada revelam falta de oxigênio, que pode ser consequência de uma enfermidade nos pulmões ou no coração. Artrite inflamatória pode aparecer nos primeiros estágios em unhas com ranhuras ou ondulações. Reserve um momento durante sua chuveirada ou rotina de banho para reparar em suas unhas. Limpe-as com frequência ou procure uma manicure profissional.

Se você gosta de fazer ioga com amigos, em especial todas aquelas sequências divertidas que fazem você se curvar, virar, alongar e trabalhar seu corpo, mantenha suas unhas em forma, porque todos irão vê-las. Desfrute de um dia de *spa* uma vez por mês que inclua uma manicure e pedicure. Não significa ter de ir a um salão, embora você possa. Cuide-se ou faça sua manicure e pedicure com um amigo e examinem suas unhas juntos.

Ritual 11
Encontre Tempo para Ecoterapia

Experimente a magia de cura da natureza

Passar um tempo junto à Natureza, algumas vezes mencionado como *ecoterapia*, promove o bem-estar no corpo, na mente e no espírito. De acordo com um estudo de 2007 feito no Reino Unido, quando participantes que sofreram de transtorno afetivo sazonal (TAS) e depressão foram para um relvado ou uma caminhada no campo, 71% deles se sentiram menos deprimidos. A vitalidade e presença curativa da Natureza pode aliviar o estresse, aumentar a criatividade e empoderá-lo para se reconectar com o poder de cura ancestral que a Natureza contém. Mantenha um trevo ou flor em seu bolso para lembrar-lhe de voltar à Natureza. Faça uma caminhada em um espaço com relva ou faça uma trilha semanal pelas montanhas, um passeio na pradaria, ao longo de um rio ou lago, descendo por uma estrada do interior ou cruzando um campo. Ritualize sua excursão praticando atenção plena. Reserve um tempo para respirar ar puro. Corra seus dedos nas águas respingando de uma cachoeira ou percorra os limites de uma pedra antiga cálida.

Ritual 12
Desfrute de um Sono Melhor

Melhore a saúde do coração praticando *ioga nidra*

Você pode precisar de seis a nove horas de bom sono todas as noites, mas é isso que você tem? Nem sempre é fácil eliminar o caos do dia. Algumas vezes simplesmente pegar no sono se prova difícil. Mas é no sono que o corpo e o cérebro se curam, e as células se renovam. A *ioga nidra* (sono ióguico) envolve relaxamento profundo consciente para aliviar a tensão muscular e as emoções acumuladas em seu subconsciente depois de um dia agitado. Faça *ioga nidra* no momento em que seu corpo cai naqueles lençóis frescos de algodão. Logo um sono profundo e restaurador o engolirá.

1. Deite-se na posição do cadáver (Savasana).
2. Foque sua atenção no pé e tornozelo direito.
3. Movimente sua atenção devagar subindo por todo o membro. Relaxe-o.
4. Repita o processo para o membro inferior esquerdo.
5. Percorra mentalmente sua pélvis, barriga e torso.
6. Mude sua atenção para o ombro direito e guie sua atenção ao longo do braço até sua mão e seus dedos. Sinta todo o membro relaxar.
7. Repita o passo 6 para o ombro esquerdo, braço e mão.
8. Inale e exale com uma percepção de todas as sensações em seu corpo.
9. Vire para seu lado direito, onde a respiração da narina esquerda esfria seu corpo (deitar em seu lado direito significa que a narina esquerda está mais elevada do que a direita e o ar flui com maior facilidade e sem restrições pela esquerda). Relaxe.
10. Role para suas costas. Aprofunde o relaxamento até cruzar o limiar para um sono reparador.

Ritual 13
Adote *Lagom*

Uma abordagem equilibrada para a boa saúde

A nova tendência escandinava em bem-estar está encapsulada em uma única palavra, *lagom* – "só a quantia adequada". Aplique essa filosofia prática de equilíbrio, moderação e frugalidade nas escolhas de seu estilo de vida que impactem a saúde, tais como comer, beber, exercitar-se, dormir e se desestressar. A expressão idiomática de que "menos é mais" encontra ressonância em *lagom* porque se empanturrar pode ter consequências negativas para a saúde. Escolhas de estilo de vida podem afetar positiva ou negativamente a saúde de uma pessoa. Com *lagom* como seu princípio de orientação – nem excessivo demais, nem parco demais, as escolhas de seu estilo de vida ficam baseadas no equilíbrio, sabedoria e simplicidade. Incorpore rituais de *lagom* em sua vida limpando regularmente seus suplementos, remédios e armários de alimentos. Mantenha a quantidade adequada do que você necessita e jogue fora ou recicle pacotes não essenciais ou itens velhos. Coma alimentos frescos de alta qualidade em quantidades cada vez menores e abandone hábitos não saudáveis tais como consumo exagerado de açúcar e sal. Mantenha-se bem hidratado com água diária o suficiente e obtenha a quantidade correta de sono. Exercite-se, mas não exagere.

Como os suecos, de onde vem o termo *lagom*, use *lagom* como um plano para um modo de vida e de estimular sua melhor saúde agora. Desfrute de um copo de leite morno, café ou chá sem uma abundância de aditivos que tornam o sabor da bebida como de uma sobremesa doce e deixe *lagom* libertá-lo com a ideia de que "apenas o suficiente" é simplesmente adequado. Deixe o sabor do leite ou café ficarem em sua língua.

Ritual 14
Faça uma Raspagem Ritual

Mantenha a saúde oral

Na antiga prática da *Ayurveda*, a raspagem ritual da língua todas as manhãs é fundamental para manter a cavidade oral livre de bactérias e ter uma excelente saúde oral. A raspagem remove qualquer camada ou resíduo acumulado durante a noite como resultado de desequilíbrios gastrointestinais ou digestão inadequada. A raspagem pode simplesmente melhorar sua habilidade de sentir o sabor da comida, uma vez que ela livra sua boca de quaisquer odores desagradáveis e reduz as chances para as bactérias se reproduzirem na queratina (células mortas que formam um calo fino na língua). Elas estão tipicamente presentes e sob controle. Superabundância produz uma língua impregnada. O *Charaka Samhita*, o texto em sânscrito sobre o sistema de medicina aiurvédica, recomenda que o instrumento de raspagem seja curvo de modo a não ferir a língua e feito de metais que incluem ouro, prata, cobre, estanho ou bronze (hoje em dia, muitos são feitos de aço inoxidável).

Os praticantes de *Ayurveda* podem diagnosticar a saúde de seu corpo pelo exame de sua língua. Eles sugerem que uma língua e cavidade oral limpas não apenas beneficiam a saúde do corpo como um todo, mas também afetam a clareza da mente. Uma língua com uma camada espessa indica toxidade. Torne a raspagem parte de seu regime diário de higiene. Raspe com suavidade sua língua do fundo para a frente sete ou mais vezes e depois escove e passe fio dental para uma boca com limpeza revigorante. Beije seus dedos e sopre um beijo para o Universo por um novo dia de boa saúde e uma mente brilhante e criativa.

Ritual 15
Amarre ou Retire seus Sapatos e Vá em Frente

Exercite-se para melhor saúde e sexo

Quando você teve um dia longo e estressante no trabalho e está diante de uma noite de afazeres tais como preparar o jantar, lavar roupas e ajudar as crianças com a tarefa de casa, você pode não ter vontade de exercitar-se. Contudo, exercício é exatamente o que você precisa. Trinta minutos de caminhada, malhar em uma academia ou fazer *tai chi* podem estimular a química em seu cérebro para ajudá-lo a sentir-se revigorado, relaxado e mais feliz. Se você odeia a ideia de se exercitar sozinho, faça seu treino mais cedo durante o dia. Participe de um grupo de dança ou de uma equipe de natação ou futebol. Exercícios melhoram sua energia, estamina, vida sexual, saúde cardiovascular e perda de peso, enquanto também reduzem o risco de doenças crônicas como depressão, diabetes do tipo 2, artrite, determinados cânceres e síndrome metabólica.

Tenha como meta 30 minutos de exercício diário cinco dias por semana. À medida que sua estamina melhora, prolongue seu período de exercício. Você descobrirá que malhar impulsiona seu poder de pensar, confiança, autoestima e saúde óssea. Sente-se calmamente depois do treino e sinta seu pulso latejando, seu coração batendo e seus pulmões inalando e exalando ritmicamente. Sinta gratidão e diga obrigado pela energia que sustenta seu corpo saudável como sustenta o Universo.

Ritual 16
Aproveite a Ioga Pré-Natal

Descubra os benefícios de asanas simples

A gravidez é tanto uma época excitante quanto tensa, com muitas incertezas. Para permanecer relaxada, centrada e flexível enquanto vivencia uma porção de mudanças físicas que acompanham a gravidez, considere participar de uma classe de ioga pré-natal só para mulheres. Você mudará enquanto seu bebê cresce dentro de você. Com frequência, a gravidez provoca uma sensibilidade mais aguçada para sabores e cheiros. Você também pode experimentar momentos de irracionalidade ou esquecimento. Também não é incomum ter preocupações ou medos. A prática da ioga pré-natal pode ajudá-la a encontrar seu caminho para a serenidade e paz. Certos alongamentos e posturas da ioga podem aliviar algumas das dores associadas à gravidez – os principais responsáveis sendo a ciática e dor na lombar.

Fazer uma prática regular de *hatha ioga* a beneficiará também ao seu bebê em gestação, especialmente durante o primeiro trimestre. A sabedoria prevalecente é evitar elevar a temperatura do centro de seu corpo para proteger a criança em desenvolvimento. Claro, você vai querer verificar com seu médico antes de iniciar qualquer novo regime de exercícios, especialmente durante a gravidez. Junte-se a uma classe semanal com outras mulheres grávidas para fazer posturas como a do alongamento do gato, um *pranayama* de respiração profunda simples e meditação. Esses três rituais com uma ênfase na ligação entre mente e corpo pode lhe proporcionar alívio de câimbra no momento do parto, já que sua habilidade para relaxar e respirar em meio às câimbras pode facilitar o processo de dar à luz.

Ritual 17
Mantenha seu Intestino Saudável

Coma fermentados para estimular a boa saúde do intestino

Sua saúde depende do que você come. Os alimentos que você consome ditarão como será a saúde de seu intestino. Isso, por sua vez, afeta tudo em seu corpo, da aparência da pele ao nível de energia, peso, clareza mental e imunidade a doenças. Todo corpo humano é cheio de bactérias, fungos e vírus – o que a ciência chama de nosso microbioma natural, que pode se tornar desequilibrado com uma dieta ruim, falta de exercícios e exposição a toxinas do meio ambiente. Novas pesquisas sugerem que pode ser possível remodelar o microbioma com um regime diário que envolve ingerir uma dieta de alimentos diversificados altamente nutritivos (incluindo fermentados) e fazer exercícios que fortaleçam seu sistema imunológico, reduzam inflamações e melhorem a saúde como um todo. O segredo de uma saúde intestinal fantástica é um ambiente interno que sustente uma diversidade de bactérias intestinais.

Alimentos fermentados (probióticos) têm uma abundância de bactérias ativas tais como *lactobacilos* e *bifidobactéria*, assim como leveduras. Esses alimentos intestinais promovem um microbioma saudável que, por outro lado, afeta a saúde do cérebro, órgãos e pele. Se você quer uma pele radiante, clareza mental e energia juvenil, você deve proteger a saúde de seu intestino. Coma uma porção diária de probióticos (tais como iogurte, kefir, chucrute ou kimchi) e abençoe aquele sabor picante como um símbolo de suas intenções saudáveis.

Ritual 18
Tente Acupuntura como Terapia Preventiva

Melhore o fluxo de energia

Na medicina tradicional chinesa, a acupuntura é uma modalidade antiga de cura e saúde (ou seja, modo de prática para diagnosticar e tratar) usada para diagnosticar e resolver desequilíbrios que causam desconforto e doenças. O praticante treinado insere agulhas longas e finas superficialmente em pontos ao longo de meridianos específicos (pontos de acupressão) de seu corpo para detectar desequilíbrios no fluxo de energia (conhecida como *qi* ou *chi*) ao longo de canais distintos do corpo. Acredita-se que os desequilíbrios explicam uma série de enfermidades e condições, incluindo dor na lombar, artrite, problemas digestivos, fibromialgia, dores de cabeça e estresse pós-traumático. Muitos praticantes sugerem que a acupuntura pode ser capaz de prevenir estresse, melhorar a imunidade e aumentar a energia. Pesquisas sugerem que durante a acupuntura um aumento na enzima adenosina que ocorre naturalmente em todas as células do corpo e também a liberação de endorfinas (a química contra a dor do cérebro) são responsáveis por diminuir a dor.

Caso você tenha dor nas costas, lesões por esportes ou baixa energia, um tratamento de acupuntura pode ajudar. Verifique primeiro com seu médico e depois encontre um acupunturista licenciado. Agende uma visita regular (mensal ou com maior frequência) para afinar a energia com uma pequena agulha mágica nas mãos de um praticante qualificado da tradicional medicina chinesa.

Ritual 19
Saboreie o Chá-Verde Sublime

Ritualize as pausas com uma bebida e a mente tranquila

Você é um dos milhões de trabalhadores que são viciados no café a caminho para o trabalho – você sabe, aquele copo cheio daquela mistura de café superdoce e leite sem bater, desnatado, ou aquele com salpicos de sabor no topo que você pega no *drive-through* como um estimulante antes do trabalho? Talvez seja hora de criar um novo ritual que foque em um modo menos frenético de conseguir um começo energético. Cheio de polifenóis (antioxidantes) e flavonoides (catequinas) que, acredita-se, previnem danos celulares, o chá-verde também aumenta a energia. Escolha um lugar para sua pausa para o chá onde você possa entrar em uma atenção plena tranquila e foque nas nuances de sabor. Selecione uma xícara ou caneca antiga adorável ou uma xícara de chá para sua hora do chá ritual. Para chá-verde em pó você terá de encher sua bola de chá (uma pequena malha de metal em forma de bola com uma corrente) e molhar o chá em água morna, não fervendo. Tente esses chás para principiantes.

- *Sencha* – chá-verde tradicional japonês.
- *Genmaicha* – chá-verde com arroz marrom tostado e inflado.
- *Gyokuro* – uma variedade de chá-verde cultivado à sombra.

O chá-verde baixa o colesterol e aumenta o fluxo de sangue, o que é bom para o coração e bloqueia a formação de placas ligadas ao Alzheimer.

Ritual 20
Pratique *Qi Gong* ou *Tai Chi*

Melhore a circulação, equilíbrio e alinhamento

Qi gong (pronunciado "chee gong") e *tai chi chuan* são rotinas de artes marciais que enfatizam movimentos lentos, calculados e meditativos que desenvolvem o equilíbrio, controle e força musculares. Você usa sua coluna vertebral e músculos principais, bem como braços e pernas, em sequências de movimentos na medida em que uma posição flui suavemente para a seguinte. Alguns chamam essas formas de exercício "meditação em movimento". Para serem feitos corretamente, os movimentos requerem toda a sua atenção, mas tanto *qi gong* como o *tai chi* podem acomodar qualquer nível de ajuste, você pode fazê-los se você estiver grávida ou for mais velho. Os exercícios de baixo impacto fortalecem sua base e melhoram a flexibilidade. Com o estilo *Yang* – o mais popular –, você se concentrará em movimentos circulares e padrões de respiração profunda. Estudos mostraram que essas práticas baixam a pressão arterial e o colesterol, e reduzem riscos associados às doenças cardíacas.

Depois de fazer uma aula ou acompanhar um DVD, torne a prática um ritual para usar roupas folgadas, centrar seus pensamentos e fazer seu *qi gong* ou *tai chi* por uma hora todos os dias. Se você conhece a maioria dos movimentos, coloque um CD de música tradicional chinesa para meditação para criar uma atmosfera relaxante e apropriada para sua prática.

Sequências

Despertar saudável

- Respire profundamente, contando o ciclo de respirações.
- Recite um mantra para invocar energia positiva poderosa.
- Aqueça seus músculos e melhore a circulação com alongamentos suaves.

Refeição saudável

- Coma uma tigela de Buda de alimentos com as cores do arco-íris.
- Acrescente cúrcuma e outras ervas e temperos saudáveis.
- Refresque-se com uma xícara de chá-verde delicioso.

Visão saudável

- Nutra sua visão com alimentos para os olhos.
- Trate os olhos cansados com uma massagem tépida.
- Descanse seus olhos com a *ioga nidra* profunda e relaxante.

Recarga afirmadora da vida

- Nutra corpo, mente e espírito com ecoterapia na fantástica Natureza.
- Relaxe com *qi gong* ou *tai chi*.
- Passe um tempo na Natureza.
- Tente acupuntura.

Capítulo 3

Rituais para um Eu Mais Empoderado

Dentro de você existe uma energia poderosa – é sua natureza essencial ou consciência pura. É o que você usa para programar e expressar a vida que você está vivendo.

Use as palavras "Eu sou" como sua chave secreta para destravar o poder para criar sua vida e manifestar o que seu ego deseja. Caso seus pensamentos foquem no positivo ou negativo, eles estão atraindo para dentro de sua órbita o tema mais recorrente de seus pensamentos. Você pode ver facilmente a razão para não querer enfatizar o que você não deseja e, em vez disso, focar no que você deseja profundamente. A sabedoria antiga enfatiza a importância de passar um tempo junto à Natureza, da solidão e meditação, para conhecer seu Eu verdadeiro (ou alma). Quando você faz a declaração "Eu sou" com tanta frequência que você acredita nela e sente uma conexão emocional profunda com aquela verdade e tem a intenção de manifestar seu desejo, uma mudança acontece na matriz de energia. Sua intenção (expressa por meio de seus pensamentos, suas emoções, seus rituais tais como afirmações e gratidão) cria uma atração magnética para atrair para você o que você quer, seja a partir de seu ego ou seu Eu verdadeiro.

Ritual 21
Descubra sua Luz Interior

Nutra sua pele

Você sente-se mais empoderada quando você se sente fantástica. A beleza real e duradoura vem da maturidade emocional, sabedoria, presença espiritual, adaptabilidade e resiliência – esta se origina em seu coração. Isso não significa que você deva ignorar o cuidado e nutrição do maior órgão de seu corpo – sua pele, que é o que os outros veem primeiro. Sua aparência exterior reflete sua interioridade. Cuide de seu corpo – medite para sentir paz e diminuir o estresse, respire profundamente para levar mais oxigênio para as suas células, durma o suficiente, coma alimentos nutritivos, beba muita água e limite a exposição de sua pele ao sol, poluição ambiental e substâncias tóxicas. Encontre e use um creme facial rejuvenescedor totalmente natural ou faça o seu com emolientes ricos como óleo de amêndoa, óleo de vitamina E, óleo de coco, cera de abelhas e manteiga de carité. Algumas gotas de óleo essencial para fragrância é opcional.

• Se você quer uma beleza luminosa que resplandeça por toda a sua vida, olhe dentro de si. O contato frequente com sua luminosidade interior se manifestará exteriormente também, em serenidade e graça.

• Cuide diariamente de sua pele. Lave o rosto, seque com suavidade e aplique um emoliente totalmente natural e nutritivo sobre sua pele para um brilho saudável que reflita sua interioridade por toda a vida.

• Vença o estresse eliminando estressores onde for possível; mergulhe profundamente em momentos de tranquilidade.

Ritual 22
Agende uma Massagem Aiurvédica

Libere e aceite

Em sânscrito, *Ayurveda* significa "conhecimento da vida" e, em geral, é definido como um sistema de cura antigo que foca no equilíbrio de todo o ser de uma pessoa, ou seja, corpo, mente e espírito. Para entrar na totalidade de seu ser e sentir-se empoderado, você pode precisar abandonar mais do que tensão. A massagem aiurvédica trata das necessidades e problemas de todo o seu ser – físico, mental e emocional. A antiga prática ajuda-o a destravar sua grandiosidade desintoxicando e limpando o corpo, reduzindo o estresse, fortalecendo o sistema nervoso, promovendo uma circulação excelente, nutrindo sua pele e estimulando seu sistema imunológico. Enquanto seu terapeuta de massagem aiurvédica percorre seu caminho pelos nós que você tem em seu corpo, relaxe em seu mundo interior onde você reconhece e liberta o que surge emocionalmente e aceita novas ideias que são dádivas de sua imaginação ou intelecto.

A massagem pode ser uma ferramenta poderosa para desbloquear a negatividade (emocional, mental e física) que o fere e retém. Antes de começar sua massagem, o terapeuta de massagem aiurvédica pode recitar um mantra. Essa é a hora perfeita para você recitar mentalmente seu mantra para empoderamento antes de as mãos dele ou dela tocarem seu corpo: "Eu deixo partir tudo o que precisa ser libertado e me abro para tudo o que vem para me abençoar para meu bem maior".

Ritual 23
Encontre seu Poder Interior

Imponha-se

Seu poder pessoal não tem muito a ver com seu chefe desagradável, a falta de reconhecimento de sua esposa ou quão duro você trabalha, ou com uma economia que torna difícil ascender na escada socioeconômica. Todos esses são fatores externos que você não pode controlar. Isso não significa ceder à impotência e ao desalento. Existem coisas que você pode fazer. Não ceda seu poder aos outros. Se você está travado, encontre uma rota de fuga. Reconheça aquela centelha do divino em seu interior. Ame e reverencie quem você é. Um ritual diário de autoempoderamento terapêutico pode ajudar. Muitas tribos nativo-americanas do sudoeste dos Estados Unidos entalham imagens de ursos, por exemplo, para dominar os problemas. Eles acreditam que é liberado um poder místico quando a imagem é criada. Deixe a imagem do urso guiá-lo de volta a seu senso de poder.

Segure a imagem ou estátua de um urso na palma de sua mão direita. Coloque a mão esquerda em concha sobre sua mão direita. Feche os olhos e mentalmente afirme: "Sou o arquiteto de minha vida. Meu poder vem do centro de meu ser onde ele se conecta com a fonte de tudo o que existe, visível ou invisível. Convoco esse poder invencível, sabedor de que ele nunca falha. Agradeço por todas as dádivas que ele me traz".

Ritual 24
Cultive sua Magnificência Interior

Pratique respiração profunda

Se você não está vivendo o melhor de sua vida agora, o que o está impedindo? Uma exploração honesta dessa questão pode ajudá-lo a decidir como reconfigurar sua vida de onde você está. Muitas ferramentas estão disponíveis hoje para transformar a vida que você tem em uma vida que você deseja – estagnação do passado, medo e medo de falhar ou críticas. Lembre-se de que o percurso de sua vida é o que importa, não o destino. Como você levará adiante uma vida inspirada e manifestará seus maiores dons – qualidades, virtudes, talentos e habilidades – no mundo? Comece fazendo respirações profundas.

Sente-se com a coluna vertebral ereta, as palmas das mãos abertas sobre suas coxas. Inale contando até quatro e exale contando até oito. A cada inalação, pergunte-se: o que gosto tanto de fazer que torna meu espírito mais leve, meu coração mais feliz e faz todo o meu ser se sentir arrebatado ao pensamento de fazer essa coisa? Exale e sente-se em silêncio, enquanto a resposta surge.

Ritual 25
Proporcione o Dom da Vida

Escolha doar sangue a alguém

Doar sangue é um ato de bondade humana. Você estará compartilhando a oferenda mais importante que tem (a que sustenta sua vida) para salvar a vida de alguém. Por múltiplas razões, estima-se que um em três de nós precisará receber doação de sangue em algum momento durante a vida. Doar sangue não dói – a agulha produz uma sensação semelhante a um beliscão em sua axila. Seu plasma é reposto em mais ou menos 24 horas, a hemoglobina levará de quatro a seis semanas. Você não estará fazendo isso pelo suco e biscoito dados a você depois; você o fará como um ato de empoderamento para ajudar outro ser humano que não pediu, que não o conhece e a quem você provavelmente nunca encontrará.

Se você é saudável e pode proporcionar o dom da vida, pense em fazer uma doação ritual a cada oito semanas, precedida por uma sintonia mental silenciosa com um poder mais elevado, uma refeição mais saudável e água.

1. Peça: "Possa meu sangue que sustenta minha vida preservar a vida dele ou dela que receberem essa oferenda. Sejam lançadas bênçãos para nós dois. Om, shanti (paz), amém".

2. Sempre coma refeições nutritivas, mas especialmente antes e também depois de doar sangue.

3. Beba meio litro de água antes e depois de doar sangue.

Ritual 26
Cultive um Sentido de Propósito

Siga em frente com sua paixão

Se você é alguém que sente que não está em propósito com sua vida, faça algo a respeito. Viver com propósito dá sentido à sua existência. Algumas pessoas caminham pela vida semiadormecidas, sonhando com o passado e temendo o futuro, perdendo, a cada momento, a oportunidade de estarem alertas e cientes, e de entrarem em sintonia com o que elas acreditam ser seu destino. Quando você desperta para sua vida e segue sua paixão, você sente-se intensamente vivo. Esse senso de vitalidade se traduz em melhor saúde e bem-estar. Sua autoestima é fortalecida. Você tem uma resiliência cada vez maior diante dos desafios e dificuldades.

Crie um espaço em sua casa ou em seu local de trabalho onde você possa retirar-se do mundo. Vá lá com frequência para sentar-se – o cóccix em um travesseiro no chão, tapete de ioga ou cadeira – em silêncio e respeitando seu ritmo.

- Deixe a tranquilidade envolvê-lo.
- Ouça profundamente sua orientação interior (pensamentos intuitivos comunicados a partir de seu Eu Superior).
- Medite sobre o que for que você está destinado a ser e fazer.
- Passe um tempo em seu espaço para imaginar criativamente sua vida com mais propósito. Escreva em um diário o que surgir para você de sua fonte de sabedoria interior. Logo você terá um senso de propósito e direção.

Ritual 27
Desenvolva um Amor-Próprio Profundo
Aumente sua paixão e criatividade

Durante a infância e meninice, uma pessoa deve receber amor e ligações emocionais para que se sinta merecedora e digna de amor na vida adulta. Quando essas necessidades básicas não são alcançadas, o adulto luta com problemas de relacionamento e abandono. Veja seu corpo, mente e espírito como singulares e dignos de amor-próprio. Amando a si, então, você será capaz de compartilhar seu amor com outros. Esse autocuidado não é narcisismo, e sim o cultivo de uma bondade terna e amorosa para chegar a uma individualidade saudável. Quando você sintoniza com a orientação disponível a você no interior dos lugares secretos de sua alma e sente-se valorizado, você se torna empoderado para fomentar ligações significativas com outros. Esse empoderamento, por sua vez, ajuda sua paixão e criatividade a se desenvolverem.

Comece escrevendo diariamente em um diário ou um *smashbook*[1] que celebre sua vida. Escreva nele uma afirmação propositiva diária para si mesmo. Atenha-se a expressões simples, por exemplo: "Meu corpo é saudável", ou "Meu coração é amoroso e pacífico", ou "Minha mente é imaginativa", ou "Eu sou sábio". Cole ou desenhe imagens e símbolos de sua meditação e sonhos. Escreva qualquer orientação interior. Veja sua mente como extremamente criativa; veja seu corpo como um velho amigo que o trouxe da infância à idade adulta, sempre leal e fiel e nunca o abandonando.

---

[1] N.T.: *Smashbook* é um livro de recortes, em que as lembranças são arranjadas de forma livre, misturando texto, lembranças de atividades como entradas, papéis de embalagens, fotos, sem que uma ordem cronológica ou estética tenha de ser respeitada.

Ritual 28
Impregne um Xale com Prana

Concentre suas energias espirituais

Roupas ou xales que foram consagrados têm uma longa tradição como instrumentos espirituais de cura. Também usado para simbolizar o poder espiritual e a fé, um xale consagrado pode ser energizado (quando você o enrola em torno de si durante a meditação) com a energia de força da vida do prana, a mesma energia poderosa que preenche o Universo.

Mergulhe seu dedo em óleo perfumado e trace um pequeno símbolo sagrado em um pequeno canto de seu xale. Envolva-o em seus ombros sempre que for sentar-se para meditação. O xale fornece uma camada leve de calor, desejável quando sua atividade cessa, seus pensamentos se voltam para dentro e seu corpo esfria. O ato de colocar um xale consagrado em seus ombros pode ligá-lo com a força interior de sua alma. O xale transmite uma sensação de abraço sagrado enquanto você se prepara para abandonar o controle das preocupações mundanas para contatar sua parte mais magnífica – seu Eu interior.

Ritual 29
Crie sua Narrativa

Seja criativo e corajoso

Steve Jobs, como se sabe, observou: "Seu tempo é limitado, portanto, não o desperdice vivendo a vida de outra pessoa". Essa reflexão toca um nervo em todos que sentem que suas esperanças e sonhos foram desviados em algum ponto do caminho. O desenrolar de sua vida está sob seu controle. Você tem de decidir se deixa ou não a voz de outra pessoa sufocar a sua, e quando, ou se segue os planos de outra pessoa ou segue seu coração e intuição para onde e como você quer ir. Você veio aqui para ser alguém. Permanecer verdadeiro consigo significa que você conseguiu uma âncora para manter-se conectado com o que é genuíno e real. Significa que você possui a coragem de ser vulnerável e imperfeito, mas, assim mesmo, estar presente em sua vida. Esqueça quem você pensa que supostamente é e adote quem você é de verdade.

Acenda uma vela rosa (se quiser, segure uma pedra preciosa) e afirme: "Eu sou capaz, criativo e corajoso. Todos os dias, de todos os modos, vivo minha melhor vida, orientado por meu coração, intuição, e bom julgamento".

Ritual 30
Seja Corajoso

Encontre modos de ser resiliente quando a adversidade bate à sua porta

Chame de carma ruim ou acontecimentos desafortunados diante de uma fase inoportuna, mas a adversidade aparece mais cedo ou mais tarde em todas as vidas. Você pode ter ouvido o ditado: "Levante-se com seus próprios meios" e "Trabalhe com mais inteligência, não mais dureza". Quando invocar a coragem para lidar com a adversidade parece oneroso e a situação é complicada demais para ser resolvida com facilidade, tente um ritual simples para proteção e empoderamento pessoal. O *Sri Yantra* é um símbolo místico sagrado do hinduísmo na forma de um diagrama geométrico que consiste em nove triângulos entrelaçados. Meditação sobre a geometria sagrada do *Sri Yantra* protege de forças prejudiciais e ajuda a atrair riquezas, poder e sucesso.

Para novas ideias e estruturas surgirem, em geral as antigas precisam ceder espaço. Destruição ou adversidade acontecendo em tempo real requer toda a coragem que você possa reunir. Explore o poder de Shiva para renovação. As tradições orientais acreditam que a dança cósmica da destruição de Shiva gera renovação. Aplique um ponto de pasta de sândalo na testa da estátua de Shiva e na sua. Sente na pose de meditação de pernas cruzadas de Shiva, encontre seu centro, e mergulhe profundamente no silêncio enquanto liberta tudo o que você tem tentado segurar para que a renovação e o renascimento possam acontecer.

Ritual 31
Realize um Sonho

Assuma a responsabilidade por tornar um sonho realidade

Quando você coloca seus sonhos em compasso de espera para ajudar outra pessoa a realizar o dele ou dela, sua ação altruísta é digna de louvor. Contudo, se você espera muito tempo para correr atrás de suas visões mais estimadas, as condições para realizá-las podem mudar, suas prioridades podem mudar, ou você pode abandonar toda a esperança de realizar seus sonhos. Você se casa, tem filhos e percebe que está ocupado demais confrontando as demandas da vida diária. Alternativamente, talvez, você ainda nutra secretamente a ideia de realizar seus sonhos mais preciosos, e só de pensar sobre eles o enche de entusiasmo e uma sensação de aventura. Um ritual pode ajudar a reavivá-los. Comece esse processo escrevendo seu sonho em um cartão usando caneta hidrográfica. Segurando-o em suas palmas, faça o seguinte:

1. Expulse mentalmente o medo, abandone pensamentos limitados e descrença.
2. Estimule sensações de autoestima por seu desejo de ter esse sonho.
3. Peça ao Universo pelo que você deseja, use uma linguagem precisa.
4. Abra-se a oportunidades que tornem a realização de seu sonho possível.
5. Relaxe e confie que seu sonho se movimentou de um estado de improvável para a concretização inevitável.

Ritual 32
Estabeleça Limites

Pratique dizer "não"

Quando você está sobrecarregado, estressado e com falta de energia, como você encontra oportunidade para sentir-se empoderado ou fazer qualquer coisa criativa para mostrar sua grandeza interior? Você aprende a estabelecer limites para que possa parar de fazer algo e reservar uma hora ou duas para buscar interesses pessoais. Isso pode significar que você tem de, ocasionalmente, dizer não para a família, os amigos e até seu chefe. Você não tem de abandonar a civilidade e as boas maneiras. Em situações em que um simples "não" não funciona e você não consegue pensar em um meio gentil e firme de declinar ou dizer a alguém que você vai se recusar desta vez a assumir qualquer coisa nova, então pratique uma sentença curta que comunicará a mesma coisa, tal como "não é possível".

Sempre que alguém presume impor-se a você para que faça mais trabalho, seja voluntário para outro trabalho ou comitê, ou peça favores que sugam sua energia e tempo, diga: "Infelizmente, não é possível". Quanto mais você repete a frase, mais fácil é pronunciá-la com autoridade e sinceridade.

Ritual 33
Cultive sua Singularidade

Acolha as qualidades interiores da autoimagem

Seus valores, crenças, intuições e opiniões – o que você expressa no mundo de seu ser interior mais do que aquilo que o mundo traz a você – define-o parcialmente. Quando você passa um tempo em solidão, torna-se mais fácil enfatizar uma imagem espiritual sobre uma física. Você pode abrir mão de uma autoimagem profissional ou pessoal que depende de afiliações e grupos aos quais você pertence ou a rótulos que os outros colocam em você. Torne-se mais consciente de sua magnificência interior fazendo o seguinte:

1. Seja corajoso e confiante.
2. Expresse sua singularidade com ideias criativas.
3. Ouça a voz de sua alma (intuição).
4. Fale sua verdade.
5. Ame sua jornada mais do que qualquer destino ao longo do caminho.

Use um difusor com óleo perfumado com alecrim para espalhar o perfume em uma área onde você pode sentar-se e detectar o aroma. Na medida em que seu cérebro se ilumina com clareza e energia, medite sobre seus atributos interiores únicos, talentos, traços, sabedoria e dádivas do espírito e como você pode usá-los para seu bem e o de outros.

Ritual 34
Ative sua Voz Autêntica

Fale sua verdade

Se alguém do passado o fez duvidar do fundamento de seu valor no mundo e silenciou sua voz, encontre maneiras de reemergir, ganhar confiança e expressar-se. No Universo maior nós podemos ser partículas minúsculas, mas neste mundo você é tão importante quanto qualquer outra pessoa, parecida em muitas das mesmas inseguranças, incertezas, dor emocional, e a falsa sensação de não se encaixar. Embora as chagas e os abusadores que as infligiram não sejam triviais, é possível seguir a partir de onde você está. Para empoderar sua voz autêntica, filie-se a um clube do livro, fórum comunitário ou grupo social onde disseminar ideias e expressar opiniões pessoais são encorajados. Trabalhe com um terapeuta ou *coach*.

O centro de energia de sua garganta (chacra Vishuddha) equilibra e amplifica o poder da autoexpressão. O chacra está associado à cor azul.

- Lave uma pedra do chacra lápis-lazúli azul em uma solução de água levemente salgada e deixe-o secar ao sol (para absorver energia solar).

- Deite-se na posição do cadáver (deitado de costas, as palmas para cima a seu lado) e coloque a pedra sobre o centro de sua garganta.

- Medite sobre sua natureza interior divina e dons psíquicos do espírito.

Ritual 35
Desperte seu Feminino Poderoso

Invoque seus instintos maternais

Em sociedades matriarcais no sudoeste da China, noroeste da Índia e em uma ilha a oeste de Nova Guiné, as mulheres guiadas por seus instintos e princípios maternais exercem grande poder e lideram os outros. Elas tomam decisões importantes que afetam a sobrevivência e o bem-estar de seu povo.

Elas usam sua perspectiva feminina da maternidade para estimular o maior bem para si mesmas e beneficiar suas famílias e comunidades. Similarmente, você pode acessar sua energia feminina para tomar decisões importantes ou difíceis quando elas envolvem outras pessoas. Contemple sua decisão a partir de uma perspectiva maternal, como líderes fazem em sociedades matriarcais, levando em conta o bem-estar de todas as pessoas que sua decisão afetará.

Use um pêndulo com a forma de um triângulo em uma corrente com uma conta no lado oposto para invocar as energias femininas. Os padrões em triângulo, círculo e espiral simbolizam essa energia dos tempos primordiais. Sente-se em uma cadeira com apoio para os braços ou próximo a uma mesa onde você possa pousar o cotovelo direito. Bata as mãos três vezes e depois esfregue vigorosamente suas palmas juntas por dez segundos. Mantenha sua palma direita paralela ao chão e deslize a conta através de seu primeiro e segundo dedos. Mantenha sua palma reta, permitindo que o pêndulo balance suavemente sem obstrução. Mantenha a palma de sua mão esquerda virada para cima embaixo do ponto de balanço, porém, sem tocá-lo. Convide sua energia feminina a mostrar sua presença por meio do pêndulo. Mantenha as suas mãos paradas enquanto observa o pêndulo começar a oscilar. Quanto mais você focar nele, mais amplo será o círculo que ele fará. Para uma resposta a uma questão do tipo sim ou não, reafirme mentalmente que o pêndulo oscilará no sentido horário para sim e no sentido anti-horário para não. No fim da sessão, embrulhe seu pêndulo e coloque-o de lado. Lave suas mãos para resfriá-las da energia que você atraiu para elas.

Ritual 36
Desfrute de uma Renovação por Cinco Minutos

Faça uma pausa em seus ciclos frenéticos

Você come bem, exercita-se e dorme – pelo menos algumas horas todas as noites – antes de pular de volta à esteira proverbial. Antes que exigências, agitação e cansaço se tornem o mantra de três palavras para sua vida, reserve alguns minutos de cada dia para descansar, relaxar e recarregar-se. Ouça seu corpo; ele lhe diz quando parar de pressionar. Ninguém pode ficar no topo de seu jogo sem algum tempo de pausa muito necessário. Ao longo do dia, reinicie as baterias de seu corpo se reconectando com a Fonte de seu ser. Interrompa o ciclo ocupado-ocupado de trabalho para criar espaços para respirar. Considere a possibilidade de acionar o alarme de seu celular para soar a intervalos de horas como seu chamado espiritual para recarregar-se com pausas no trabalho. Coloque uma gota de óleo perfumado com sândalo no terceiro olho (o ponto entre as sobrancelhas). Sente-se com a coluna ereta, as palmas das mãos para cima sobre as suas coxas.

- Inale suavemente produzindo o som de "So".
- Exale produzindo o som de "Ham". Faça a respiração So-Ham durante um minuto.
- Pouse sua consciência no silêncio durante quatro minutos, enquanto seus pensamentos gravitam em direção ao contato com o Divino.
- Sinta sua energia de força da vida sendo recarregada e revigorada.

Ritual 37
Cerque-se de Coisas Significativas

Defina seu mundo

Seja seu santuário em sua casa ou escritório, determine o que o agrada e nutre e depois escolha os móveis, arte, cor da parede, livros e retratos de pessoas que o inspiram. Talvez seja um sofá que você encontrou em uma loja de antiguidades o que eleva seu espírito. Ou a mesa dobrável vitoriana de sua avó que ela deixou para você em seu testamento com uma nota colada nela para explicar que ela sabia o quanto você sempre a adorou. Itens com significado devem encontrar um lugar nos interiores onde você vive e trabalha precisamente porque eles guardam memórias e significados especiais para você. Como tudo no Universo, essas peças bem-amadas estão impregnadas com a energia sutil das pessoas que o amaram e também costumavam usar e amaram essas peças.

Pense em um parente amado que morreu, a quem você gostaria de prestar um tributo. Talvez você tenha uma velha foto emoldurada. Se não, encontre uma de que goste e emoldure-a. Acenda um ramo de sálvia branca para limpar a energia na área onde o retrato será dependurado. Admire a foto quando ela estiver dependurada. Ofereça palavras de boas-vindas e peça àquele ancestral para abençoar você e seu espaço.

Ritual 38
Celebre suas Amizades

Ame sua rede de lealdade

Amigos trazem à tona o melhor em você; eles agem como seus espelhos refletores revelando suas características melhores e mais salutares, bem como as ações impróprias, prejudiciais ou inconvenientes que eles desencorajam. Se você tem uma visão, mas não consegue realizá-la sozinho, cerque-se com a equipe que pode tornar sua visão uma realidade. É um conceito que funciona bem nos negócios e também nas amizades. Algumas experiências de vida são difíceis e desafiadoras de encarar sem apoio – por exemplo, uma catástrofe natural, doença que ameace a vida, contratempos nos negócios, carreira ou perda pessoal. Parceiros que se importam tanto com você quanto você os respeita e estima o acompanharão em sua jornada de vida e o ajudarão a navegar em meio às ciladas e obstáculos, ao mesmo tempo que o inspiram e elevam. Eles são leais e guardarão suas confidências. Eles se alegram com seus sucessos e boa sorte.

Espalhe óleo essencial de rosas e acenda uma vela rosa (rosa e rosa claro são cores associadas ao amor e compaixão) e depois escreva recados pessoais para seus amigos mais próximos, expressando agradecimento sincero pelas dádivas que eles trazem para sua vida.

Ritual 39
Comungue com o Sagrado

Ritualize suas refeições

Na Antiguidade, existiam muitos tipos de alimentos sagrados encontrados nas grandes tradições espirituais e religiosas do Oriente e Ocidente. Os gregos antigos mantinham um fogo aceso em seus altares domésticos e nesse fogo aceso com uma madeira específica de determinada árvore, às vezes eles jogavam nas chamas oferendas de alimento, flores, incenso e vinho. Para eles o fogo era divino. Um hino para a beneficência e proteção do fogo o celebra como sendo eterno, sempre jovem e nutritivo. Se ele fosse extinto, o poder e o deus seriam extintos também. Se você anseia por momentos de significado cada vez mais profundo em sua vida, aprofunde a ligação de sua alma com sua fonte encontrando meios mais significativos de mudar as repetições diárias mais mundanas do profano para o sagrado. Divida seu ritual de refeição em três partes significativas, compondo um início, um meio e um fim.

1. Antes de comer, para diminuir o ritmo e mudar seu foco para o alimento como sustento espiritual, agradeça ao Universo por fornecer-lhe o alimento.

2. Afaste alguns grãos de arroz ou uma garfada do que está em seu prato para um lado e, mentalmente, ofereça essa porção para sua fonte interior.

3. Baixe a cabeça, por um momento, em gratidão silenciosa porque os alimentos estão nutrindo seu corpo, enquanto o contato com a fonte nutre seu espírito.

Ritual 40
Adicione Maestria a seu Legado

Guie alguém para ser seu máximo

Você não precisa estar no pináculo de sua carreira para ser mentor de alguém. Quando você retira de suas experiências de vida e conhecimento uma base para ajudar outros a atingirem seu melhor, você sente-se realizado. A mentoria também o ajuda a permanecer no topo de seu jogo. Ajudar alguém que está subindo os degraus da carreira atrás de você força-o a ficar lado a lado com tudo o que é novo em seu campo de especialidade e também descobrir os melhores jeitos de compartilhar esse conhecimento com uma estrela em ascensão. Tutoria demonstra a colegas e chefes que você possui as habilidades e temperamento para guiar outros – trunfos em sua caixa de ferramentas de habilidades negociáveis.

Sempre, antes de convidar um pupilo para seu escritório, estúdio de arte, sala de retiro de ioga, cozinha comercial, setor de produção da fábrica ou outro local de atividade profissional ou local de trabalho, faça uma xícara de chá ritual para preparar-se mentalmente.

1. Faça chá-verde orgânico (use água quente, não fervendo, já que a última produz um sabor amargo) e sirva-o para si em uma bela xícara cerimonial.

2. Beba devagar enquanto contempla com tranquilidade o que você cobrirá em sua sessão vindoura.

3. Faça algumas anotações.

4. Lave e seque sua xícara e coloque-a de lado.

Sequências

Livre-se do que o empata

• Faça uma massagem aiurvédica para liberar energia emocional negativa que pode estar impedindo seu progresso.
• Permaneça centrado enquanto os paradigmas mudam.
• Faça respirações profundas para movimentar sua energia e consciência.
• Ligue-se em um poder mais elevado.

Dê nascimento a um novo Eu empoderado

• Torne o cuidado pessoal amoroso um hábito.
• Ative sua paixão.
• Exija sua voz autêntica.

Trabalhe seus sonhos

• Elucide uma visão estimada.
• Comece a fazer o que está destinado a fazer.
• Liste os amigos leais para ajudá-lo.

Aprofunde a conexão de sua alma

• Crie seu espaço sagrado.
• Volte-se para dentro para nutrir seu espírito.
• Pense como um ser ilimitado.

Capítulo 4

Rituais para Ser Mais Pacífico

A paz é um estado de tranquilidade e acordo harmonioso. Quando o mundo antigo estava em convulsão por causa de desastres naturais e políticos, a falta de distúrbios (ou paz) deve ter sido a mais bem-vinda por aqueles que estavam vivendo tempos sombrios e estressantes. Nosso mundo moderno também é atormentado por conflitos e ameaças. O tumulto exterior pode estar além de seu controle, mas você pode atingir a paz interior. O texto sagrado indiano Yajur Veda aconselha a não lutar "contra os espíritos celestiais dentro de nós" e também encorajar a paz interior "dentro de meu próprio coração". O conselho ressoa para muitos de nós que estão diariamente diante dos desafios de viver em um mundo exterior com um ritmo apressado, aparentemente estressado.

Você tem a escolha de caminhos para se reconectar com sua luz e tranquilidade interiores. Imponha pensamentos agradáveis e calmos para um ciclo de respirações vagarosas e silenciosas. Participe de uma meditação guiada usando um aplicativo. Ou passe um período na natureza onde seus pensamentos são elevados pelos sons felizes das canções dos pássaros nos ambientes naturais. Se você tiver dificuldades para voltar a um equilíbrio pacífico, tente um ritual para guiá-lo mais profundamente para dentro de si.

Ritual 41
Descanse sob Cetim Perfumado

Encontre a serenidade com uma almofada para os olhos perfumada com lavanda

Quando não existe limite para a fadiga, e você não consegue encontrar seu lugar feliz depois de se revirar na cama, é possível que você comece a sentir-se ansioso. E quando você não consegue dormir, as horas continuam passando e a manhã surge, independentemente de sua noite sem dormir? A próxima vez que você se encontrar nesse ciclo negativo, tente colocar uma almofada de olhos de seda cheia de botões de lavanda secos sobre seus olhos. Acredita-se que a pressão suave sobre os globos oculares baixa o ritmo cardíaco e estimula o nervo vago, que regula o ritmo cardíaco e aprofunda o relaxamento. Se você dorme em um quarto onde são carregados aparelhos eletrônicos, use uma máscara de *blackout* sobre a perfumada, para garantir que o ritmo natural de seu corpo não seja incomodado por luzes artificiais. Compre uma máscara de cetim ou costure um retângulo com a extensão de seus olhos. Deixe um lado aberto e encha a abertura com botões secos de lavanda (compre em uma loja de tecidos ou de *hobby*) antes de costurar fechando e acrescentando um elástico ou cordões em cada extremidade.

Depois de sua higiene noturna e meditação ou orações, deite-se na cama e coloque a máscara de cetim e a máscara de *blackout* sobre ela. Inale contando até quatro, exale contando até oito até alcançar um sono tranquilo.

Ritual 42
Mime seu Sentido do Olfato

Use perfumes florais para encontrar a paz

Se você não tem um jardim de ervas e o tempo para extrair os óleos essenciais das plantas, o jeito mais fácil de acessar o poder das flores é ter em mãos uma variedade de óleos essenciais. Coloque um óleo essencial (ou uma combinação deles) em um difusor para espalhar o perfume em seu ambiente, ou simplesmente unte seu corpo com um perfume favorito. Se você gosta de fazer artesanatos tais como sabonetes, você pode acrescentar óleo essencial para acalmar os nervos desgastados depois de um dia tumultuado. Use um sabonete perfumado durante um banho relaxante – esse é outro modo eficiente de encontrar paz e tranquilidade. Agradeça ao seu nervo olfativo que se desenvolveu quando você ainda estava sendo gerado por fornecer acesso fácil para que os perfumes cheguem direto às extremidades de seus neurotransmissores, nos quais eles podem induzir certas sensações, limpar a nebulosidade do cérebro e restaurar a clareza, e até curar. Talvez o óleo essencial mais benéfico para banir o estresse, sofrimento e temores seja o ylang-ylang, porque ele induz a um efeito calmo e relaxante e reduz o ritmo cardíaco e a pressão arterial ao mesmo tempo em que aumenta a atenção.

Pingue óleo essencial de ylang-ylang em pontos de pulsação em seu pulso ou crie uma mistura calmante de perfumes acrescentando laranja doce, amêndoa e tanásia azul.

Ritual 43
<u>Perdoe Mágoas Antigas</u>

Crie um espaço para a paz

O estado natural de nosso Eu verdadeiro é de alegria e êxtase. Reter mágoa e dor para com alguém que você não foi capaz de perdoar por um desgosto infligido no passado apenas agita seu sofrimento mental. Você sente-se com raiva, triste, confuso e menos positivo em relação à vida. Tais sensações dificultam seu progresso espiritual e podem afetar sua saúde. Por outro lado, o perdão pode trazer a você uma atitude mais saudável, baixar a pressão sanguínea, diminuir a hostilidade e aumentar a autoestima e o bem-estar psicológico. Coloque o valor de sua boa saúde acima de guardar rancores.

Discuta o que sente com um amigo de confiança, ouça gravações sobre perdão ou procure ajuda profissional, se necessário, mas encontre um jeito de relaxar, perdoar e focar no aqui e agora. Quando você o faz, você cria espaço em seu coração e mente para que a paz entre.

Ritual 44
Beba um Elixir Poderoso

Sinta a paz entrando pelos poros de seu ser

O açafrão deriva de estigmas (fios vermelho e laranja) da flor do açafrão crocus e é rico em minerais, vitaminas e antioxidantes vitais para a boa saúde. Ele também contém crocina, um caroteno solúvel em água associado à apoptose (morte das células cancerígenas) em muitos cânceres humanos diferentes, incluindo leucemia e adenocarcinoma do cólon. Especialistas em saúde valorizam a cúrcuma por seus poderes antioxidantes e anti-inflamatórios, mas ela também pode interferir negativamente com outros suplementos e impedir a coagulação do sangue, portanto confirme com seu médico antes de acrescentar esse tempero à sua dieta. Embora o açafrão e a cúrcuma estejam ganhando em popularidade, essas especiarias são conhecidas há muito tempo na tradição da medicina aiurvédica antiga por seus efeitos anti-inflamatórios e desintoxicantes.

Combine em uma mistura com seu leite favorito (amêndoa ou coco), adoce com mel orgânico local e você terá um elixir rejuvenescedor potente para a mente, corpo e espírito. Depois de um período de meditação, ofereça sua bebida para sua fonte interior e depois desfrute dessa poção poderosa como *prasada*, que, na tradição hindu, é uma oferenda de alimento que se torna abençoada com sua ação de oferecê-la ao Divino. Uma vez oferecida, ela se torna uma poção sagrada para abençoar o devoto no momento em que ele ou ela a consome.

Ritual 45
Encontre a Paz em Meio à Incerteza

Veja a mudança como algo bom

Por a vida ser dinâmica, ela é imprevisível e incerta. Algumas pessoas adaptam-se com mais facilidade do que outras à mudança. Quando a turbulência de forças desconhecidas o obriga a sair de sua zona de conforto, você pode sentir ansiedade, aflição e medo. Na meditação você pode perceber a estabilidade que subjaz a toda incerteza e, nela, encontrar refúgio. Toda mudança traz oportunidades para movimentar-se em novas direções, ganhar uma nova perspectiva, na medida em que você olha o mundo por lentes diferentes, e encontra dons especiais que a mudança suscita em você. Lembre-se de que a incerteza e o mistério são energias transitórias transformadoras, sempre circulando pela vida.

- Sente-se com as pernas cruzadas em seu tapete de ioga ou em uma cadeira em que você se sinta no nível do chão, as palmas balançando um pequeno elefante entalhado em ágata ou outra pedra da terra, com ideias de estabilidade e constância em seu pensamento. (Em algumas culturas do mundo, nada simboliza melhor a força e estabilidade como o elefante.)
- Feche os olhos e visualize seu chacra raiz (Muladhara) como uma roda girante vermelha na base de sua coluna vertebral.
- Imagine um raio de energia em um circuito contínuo enquanto ele flui de seu chacra raiz para perfurar profundamente no núcleo da terra e voltar para seu chacra.
- Cante "Lam" para energizar seu chacra raiz enquanto medita pela paz.

Ritual 46
Proteja-se em uma Bolha Visual
Não absorva energias alheias

Você evita ficar em shoppings, espetáculos, arenas esportivas e outros lugares cheios porque ficar em meio a muitas pessoas o desgasta, faz você sentir-se estressado ou faz com que se sinta doente? Quando amigos chamam para discutir seus problemas tóxicos, você absorve o estresse deles? Você absorve energias que sinalizam fadiga, raiva, dor, ansiedade ou enfermidades nos outros quando passa por eles na mercearia, posto de gasolina ou encontros de grupos grandes com um mestre espiritual? Se você respondeu sim, você deve ser um empático natural que está absorvendo energias de outras pessoas. Para proteger-se em multidões, coloque distância entre você e os outros.

Para permanecer em paz, reestabelecer conexões com sua essência, feche os olhos e foque em sua respiração, inalando luz e exalando escuridão. Depois visualize uma bolha de luz branca em volta de você como um escudo protetor. Diga mentalmente a seguinte afirmação: "Eu me conecto com a matriz de energia divina que me salvaguarda, e peço que só entrem energias positivas no campo invisível à minha volta. Eu me sinto enraizado na paz".

Ritual 47
Pratique Bondade Amorosa Consigo

Atraia a paz com uma frase

Pense na bondade como um tônico de bem-estar para todas as pequenas irritações que perturbam sua paz no decorrer do dia. O meio mais fácil de praticar a bondade do Eu é com o trabalho de respiração e recitação de frases que você pode repetir por todo o dia ou incorporar em um ritual pessoal mais elaborado. Ao remexer em suas sensações de benevolência, amor, valorização, fraternidade e gratidão voltados para si, você se torna empoderado para irradiar essas sensações para outros. É como se você os envolvesse em um cobertor aquecido de tranquilidade que você criou com sua generosidade de espírito. O primeiro passo para criar um ritual de bondade para a paz dirigida para si pode surgir com uma frase que você possa recitar mentalmente ou em voz alta repetidamente por todo o seu dia. Frases sobre paz que são curtas e poderosas e encontradas na missa incluem: "A paz esteja convosco... e com seu espírito... Possa a paz que lhe trago". Ou você pode dizer no momento em que está inalando: "Que eu possa viver em paz". No momento de exalar a respiração, você pode dizer: "Possa a paz permear meu ser".

Use aromaterapia com mirra em um difusor ou queimador de cera aquecido para associar sua frase escolhida a um perfume que sempre lhe lembrará de recitar aquelas palavras.

Ritual 48
Desvie Danos de Ruído de Fundo

Tente a prática da incorporação

Sons de ambiente tais como ruídos de fundo, de acordo com vários estudos, induzem à liberação de cortisol, um hormônio do estresse. Um excesso desse hormônio pode interferir com o funcionamento adequado de seu córtex pré-frontal do cérebro, onde o planejamento, o raciocínio e o controle sobre impulsos são executados. Estressado e incapaz de focar, você procura paz. Um meio excelente de restaurar a paz é participar da prática budista da atenção plena ou permanecer focado em todas as informações que você percebe estarem convergindo para seu cérebro durante um momento na medida em que elas fluem para o próximo e o seguinte, infinitamente. Uma técnica relativamente nova para encontrar a paz é o que os neurocientistas chamam de "interocepção" ou, simplesmente, incorporação. É a prática da atenção plena aplicada ao seu corpo. De um momento a outro, você observa mudanças físicas, mas não muda nada. No processo, você ganha resiliência em um nível emocional-intelectual e um senso elevado de bem-estar que traz a paz.

Sente-se em uma cadeira e faça respiração com a barriga para centrar-se. A técnica é colocar a palma da mão na barriga, sentir sua barriga se expandir como um balão quando você inala, e durante a exalação sua barriga encolhe para onde ela estava antes de você fazer uma respiração profunda.

Ritual 49
Encontre a Paz por Meio da Arte

Mergulhe profundamente na criação artística

Quando você foca em um manancial interior de confiança, escolhe acreditar em seu poder pessoal e vê todas as experiências negativas como agentes do aprendizado. Logo você descobre que é possível ter uma vida plena e, sim, uma vida pacífica independentemente do que acontece à sua volta. A paz pode ser uma escolha feita por você a qualquer momento. Eleja um instrumento de paz, tal como submersão em uma maravilha da Natureza ou uma obra de arte. Ambos são eficientes para a cura emocional e como destruidores de estresse porque mudam sua atitude estressada para uma direção diferente – mais em direção ao enlevo, imaginação, admiração, e um desejo de explorar. Essas emoções combatem inflamações no corpo e estimulam o sistema imunológico. Vivencie paz e cura enquanto reage às criações extraordinárias da beleza, seja a arte que você contempla da Natureza e paisagens ou natureza morta, retratos ou cenas da vida.

Veja seus lápis coloridos, creions, pastéis, ou tintas e pincéis como instrumentos de artista e coloque-os para funcionar, expressando uma paz mágica com cores e imagens. Enquanto cria sua arte, fique ciente de como você perde toda a percepção do tempo.

Ritual 50
Toque a Paz por Todo o seu Dia

Empurre a negatividade para longe

Acontecimentos exteriores podem oscilar em sua direção, de repente, e perturbar seu calmo equilíbrio. Você sente-se desequilibrado, impaciente e, talvez, com raiva, porque alguém quer algo de você, imediatamente, ou você está preocupado com um amigo ou projeto em risco. Talvez um parceiro queira redefinir seu relacionamento. Quando seu equilíbrio entra em desalinho, você tem de decidir não se deixar levar pela emoção negativa. Em vez disso, conscientemente, escolha harmonia. Mantenha um cristal de quartzo lítio perto de você ou em seu bolso e use-o como pedra de toque para sentir-se restaurado. Há muito tempo esse quartzo é associado com energia calmante, equilíbrio e crescimento espiritual.

Manhã: Toque o quartzo e lembre-se de não lutar, aceitar as coisas como elas são.

Meio-dia: Segure o quartzo e sinta-se totalmente presente no fluxo pacífico de sua vida.

16 horas: Perceba o peso do quartzo e deixe-o fortalecer e intensificar as energias harmoniosas fluindo à sua volta e para dentro de você.

20 horas: Avalie seu dia e rejeite a ansiedade, estresse, culpa e outras reações emocionais improdutivas. Simplesmente observe, escolha rejeitar e libere tudo o que atrapalha e perturba sua mente. Reivindique a paz que está sempre disponível quando você a deseja.

Ritual 51
Ultrapasse a Perfeição

Relaxe o controle e convide a paz

Se você adora ter as coisas em ordem o tempo todo e investe em altos padrões e metas grandiosas, ficar muito aquém não é uma opção. Porém, quando isso acontece, a voz de seu crítico interior deve soar alta e clara. Pior, essa voz autocrítica pode ser implacável, torturando-o por dias após o fracasso. Você pode sentir raiva, culpa e toda uma gama de frustrações por não terminar algo ou ver algo tornar-se menos do que perfeito. Abandonar a necessidade de perfeição pode parecer quase impossível até você perceber como interromper o crítico interior e superar a necessidade de controle para sentir-se em paz de novo. Uma vez que você possa ultrapassar essa compulsão, você abre espaço em seu ser para sentir harmonia, equilíbrio e paz.

Acenda uma vela perfumada com laranja doce, um aroma privilegiado na Europa, Arábia e China durante o século X para estimular relaxamento e sensações aconchegantes, reconfortantes e serenas. Respire profundamente por seis vezes e depois relaxe e foque seus pensamentos em coisas que você pode fazer com sucesso em vez de com perfeição, o que é muito mais fácil. Repita esse processo até sentir a paz instalar-se em seus ossos.

Ritual 52
Reconheça seus Dons Excepcionais

Confie em seus sentidos para guiá-lo internamente

Você pode invocar os dons da serenidade, tranquilidade e paz sempre que os quiser pelo poder de seus sentidos, do trabalho de respiração e da meditação. As emoções, em geral desencadeadas por fatores externos além de seu controle, podem agitar e rebentar com sua mente – jogando-o para o desequilíbrio e disparando uma cascata de pensamentos negativos. A prática de centrar sua mente por meio da respiração é um ótimo jeito de lidar com aflições emocionais. Meditação, trabalho de respiração, canto e asanas de ioga – todas essas ferramentas estão disponíveis para você quando deseja cultivar a paz profunda. Quando você se volta para sua interioridade e usa a imaginação, seu sentido auditivo permite que a música conduza sua consciência até a presença de sua fonte interior. Seu olfato faz o mesmo. Tocar suas contas de oração realizará a mesma coisa.

Baixe músicas instrumentais antes de sentar-se em meditação. Deixe seu sentido auditivo abençoar sua meditação e levá-lo cada vez mais profundamente para dentro de si. Quando a música parar de tocar, sinta a brisa da bem-aventurança soprar suavemente através de você para o interior de seu coração. Sente-se absorto em silêncio.

Ritual 53
Mergulhe na Consciência Serena

Cavalgue a onda

Tenha você a percepção ou não, sua imaginação é uma força poderosa para a transformação. A física moderna descreve o campo invisível no nível quântico ao nosso redor como vibrações e ondas de energia e informação – a suprema realidade que sustenta e apoia a criação que nós vemos como nosso mundo (parte de um universo maior). Os mestres de sabedoria já disseram que, por meio dos pensamentos (que são energia), nós criamos junto com esse campo. Pensamentos sobre seu corpo físico, por exemplo, podem afetar e mudar no nível quântico. Uma mudança em seu pensamento traz uma mudança na matriz. Sinta paz. Sinta-se inteiro, curado e livre de estresse e temores, e atraia essa sensação para seu corpo-mente-espírito.

Sente-se em silêncio. Pratique a atenção plena enquanto ouve sons no silêncio. Flua com esse som sagrado à medida que ele respalda e leva sua consciência como uma onda em um mar de paz extasiante fluindo por todos os mundos visíveis e invisíveis no infinito do espaço.

Ritual 54
Embarque em um Retiro Pessoal

Encha seu coração com o opiáceo da paz

O tempo passado em solidão permite a seu corpo e mente se acalmarem, reequilibrarem-se e descansarem. Seu sistema nervoso parassimpático começa a relaxar seus músculos, diminuir os batimentos cardíacos e baixar sua pressão sanguínea. Ao dormir sob as estrelas, você absorve as energias de cura da terra. Ao viajar por uma paisagem montanhosa ou nadar em um mar morno, seu corpo entra em sintonia com um ritmo ancestral e lento. Use seus poderes de observação, visualização e imaginação para tirar uma foto da cena magnífica à sua volta. Muito depois de sua solidão acabar, você ainda poderá convocar a sensação de paz e gerar os mesmos benefícios de cura ao imaginar de novo seu retiro pacífico.

• Distribua o aroma de pinho e eucalipto (via óleo essencial ou cera quente ou vela) em uma área onde você possa deitar em seu tapete de ioga ou no carpete.

• Assuma a Posição do Cadáver (Savasana), deite-se de costas com a cabeça e o cóccix perfeitamente alinhados.

• Imagine que você está acampando em um lugar inspirador na natureza.

• Deixe as preocupações de sua vida irem embora e coloque de lado todos os pensamentos sobre suas obrigações (elas ainda estarão lá depois de você ter descansado).

• Permita que a paz surja em seu interior na medida em que você descansa no ventre do tempo eterno.

Ritual 55
Rompa com a Negatividade

Use um amuleto

É prática saudável fazer uma pausa periódica das notícias carregadas de negatividade e histórias com o propósito de impactar suas emoções (e isso significa a distribuição eletrônica delas, que você recebe por todos os seus aparelhos, incluindo *smartphones*). As más notícias se impõem às manchetes e vendem anúncios. Se você lida com estresse e negatividade durante o trabalho diário, assistir ao noticiário em sua sala de estar (ou pior, no quarto de dormir) agrava a carga que seu corpo e mente já estão carregando. Como você irá descarregar a energia negativa para sentir-se protegido, vigoroso e em paz?

Na sociedade tailandesa, os monges nos templos budistas acolhem as esmolas em gêneros de necessidade e dinheiro. Em retribuição, os devotos recebem um amuleto de Gautama Buda que foi feito e abençoado pelos monges. O portador desse amuleto (que até pode conter algumas cinzas de construções de templos antigos onde séculos de orações criaram vibrações positivas) recebe proteção e bênçãos para a boa fortuna. Ofereça uma oração de veneração e gratidão antes de colocar o amuleto que propicia paz, potência, continuidade e proteção. Por respeito ao Buda, remova o amuleto durante o banho e não o mantenha no quarto de dormir. Quando tirar o amuleto, ofereça uma oração para a proteção do amuleto. Localize inúmeras fontes para amuletos online ou em lojas New Age e de importação que tenham itens do Sudeste da Ásia. Alternativamente, escolha um amuleto com um símbolo ou imagem que o lembrará de retornar à paz sempre que você o use.

Ritual 56
Faça um Passeio Sensual na Chuva

Recapture a magia com poesia

Se você ama andar na chuva, notando as gotas de água nas teias de aranha, pássaros desaparecendo nas copas escuras das árvores, a visão de formações de penhascos úmidos ou o vento soprando garoa gelada em seu rosto, é provavelmente por causa do que seus sentidos estão lhe dizendo. O tamborilar da chuva dá um ritmo para a cena. Suas botas o levam por um terreno antigo sob um aguaceiro que acontece agora do mesmo jeito que aconteceu há milhões de anos. Há algo reconfortante relativo à continuidade enquanto você absorve as experiências sensuais e o influxo consistente de paz para sua alma. Do mesmo modo que a terra tem uma paisagem de ser em que você sente conforto em terreno familiar, assim acontece com a paisagem interior de seu ser.

Sente-se em uma cadeira confortável e leia o haicai do poeta do século XVII Matsuo Bashô. Note como os poemas são tranquilos, vigorosos e evocativos quando eles refletem paisagens na chuva ou à luz da lua. Essas imagens vêm do território íntimo mágico da mente e do coração do poeta. Ao ler e refletir sobre as imagens poéticas, perceba como a paz desce sobre você. Desapareça nessa paz.

Ritual 57
Obtenha Paz de Espírito

Recolha informações usando a percepção multissensorial

Multissensorial é o novo chavão no mundo do bem-estar. Em poucas palavras, você percebe seu mundo por meio dos cinco sentidos ao saborear, tocar, cheirar, ouvir e ver. Esses cinco sentidos o ligam ao mundo exterior. A intuição é seu "sexto sentido", retransmitindo a informação vinda de seu mundo interior. Juntos, seus sentidos funcionam como sua percepção multissensorial dos mundos interior e exterior. A intuição conduz informação de diferentes modos para pessoas distintas. Por exemplo, você pode sentir o perigo com um arrepio, um pressentimento, o aviso de uma voz interior, uma ideia assustadora, um frio que percorre sua espinha, ou os pelos de seus braços se arrepiando. À medida que você trabalha para reconhecer o que sua intuição está lhe dizendo, você aprende a confiar nela para revelar tanto o mundo físico como o não físico. Seus poderes de percepção levam a uma paz mental maior.

Sente-se em uma posição confortável em um lugar tranquilo onde você não será perturbado. Com os olhos fechados, foque nas sensações de sua respiração enquanto você inala pelo nariz e exala pela boca levemente aberta. Deixe sua respiração ficar mais lenta, o que, por sua vez, baixa o ritmo de seus batimentos cardíacos. Faça uma pergunta curta, clara e direta para a qual a resposta lhe dará paz mental. Sinta gratidão e agradeça para a Fonte de Tudo por seu poder intuitivo.

Ritual 58
Proporcione Expressão à sua Alma

Vivencie a paz da santidade

Mantenha algo belo em seu bolso para lembrar-lhe de que sua vida e trabalho no mundo se tornaram mais fáceis quando você tornou-se amigo da Alma de seu Eu (ou Eu Superior) que passa apoio e orientação a partir da interioridade. Ao chegar à presença de seu Eu-Alma, você sentirá uma familiaridade íntima. A Alma sempre esteve com você como a testemunha silenciosa tecendo uma unidade sagrada a partir dos modos complexos com que você se apressa e busca o que está fora, no mundo exterior. Escolha um símbolo da alma – uma pomba (símbolo do Espírito Santo, no Cristianismo), um amuleto com a expressão "Om Tat Sat" (verdade, consciência, bem-aventurança, três aspectos de Brama, no Hinduísmo), o caduceu (ida, pingala e o poder da kundalini), a espiral da trindade (símbolo do corpo, mente, espírito da deusa ancestral) ou, talvez, as asas de Mercúrio. Ou crie seu próprio símbolo.

- Toque ou olhe para o símbolo quando você precisa vivenciar uma leveza de ser e paz.
- Inale. Exale e sinta a energia frenética se juntando como um raio escuro deixando sua aura e sendo transformada em energia neutra.
- Inale e visualize atraindo com a inalação a energia positiva da luz e bem-aventurança.
- Agradeça.

Ritual 59
Arranje Tempo para a Meditação

Ouça um aplicativo de meditação

A meditação advoga acalmar a mente para elevar a consciência espiritual ou observar o conteúdo da mente sem julgar ou identificar-se com o conteúdo. Caso você tenha ou não tentado a meditação, você pode começar ou avançar sua prática com os aplicativos de meditação que podem ser usados em aparelhos conectados à internet. Sempre que você puder encontrar 15 minutos ou mais em seu dia, use-os para meditar. Tenha seu aplicativo de meditação à mão e o aparelho que você usa para fazê-lo funcionar.

- Sente-se em um lugar tranquilo onde você não será interrompido.
- Acenda uma vela e difunda um aroma que você associa com paz reverente.
- Respire profundamente até seu corpo sentir calma e sua mente tornar-se tranquila.
- Ligue o aparelho com o aplicativo e volte seu foco para a interioridade. Seu objetivo é não perceber nada em seu interior exceto a própria consciência.
- No fim da sessão, receba a bênção da luz vinda da vela passando a palma de sua mão por cima da chama e depois sobre sua cabeça. Junte as palmas das mãos no mudra do orador (posição ritual) em seu coração e curve-se em reverência.

A reverência marca o fim de sua sessão. Faça reverência à vela e desligue seu aparelho.

Ritual 60
Encontre a Paz pela Autoaceitação

Reivindique uma vida mais pacífica

Psicólogos dizem que a paz mental deriva da autoaceitação. A autoaceitação começa quando você substitui sensações de ser indigno com confiança, autorrespeito e valor. Um modo de mudar para um paradigma de positividade e valor próprio é refinar o que você tem de melhor – quais são seus pontos fortes? Crie um sistema de apoio que inclui aqueles que acreditam em você e desejam sinceramente seu sucesso. Se você está preso à dor, culpa ou autoaversão por seus erros ou julgamentos passados, lembre-se de que cometer um equívoco o marca como um membro da família maior da humanidade, porque ninguém passa pela vida sem algum tipo de erro de cálculo. Quando você escolhe a autoaceitação como um estilo de vida, você pode ter uma vida mais pacífica.

Comece um período de visualização silenciosa com várias respirações de limpeza – inale pelo nariz, exale pelos lábios. Inale luz, exale negatividade e escuridão. Convoque seu Eu Superior para apresentar-se e responder a uma questão. Faça a pergunta: Que sabedoria, *insight* ou conselho você tem para mim hoje (ou para esse problema, ou para a escolha que devo fazer)? Quando a resposta vier, saiba que é porque você está acessando sua própria fonte interna de sabedoria.

Sequências

Para um Mergulho Diário na Paz

- Afaste a negatividade.
- Atraia a paz para si com aromaterapia e afirmações por paz interior.
- Mergulhe em uma meditação de consciência pacífica.

Reivindique a Paz para sua Vida

- Pratique a autoaceitação.
- Trabalhe com um símbolo da alma para paz.
- Use um aplicativo de meditação para paz.

Abra-se para o Fluxo Infindável da Paz

- Abandone o controle e a necessidade de perfeição.
- Bloqueie energias ameaçadoras da paz vindas dos outros.
- Dê um basta na negatividade.

Acesse a Paz de Onde você Estiver

- Encontre paz na arte.
- Passe períodos de solidão na Natureza.
- Passeie na chuva.

Capítulo 5

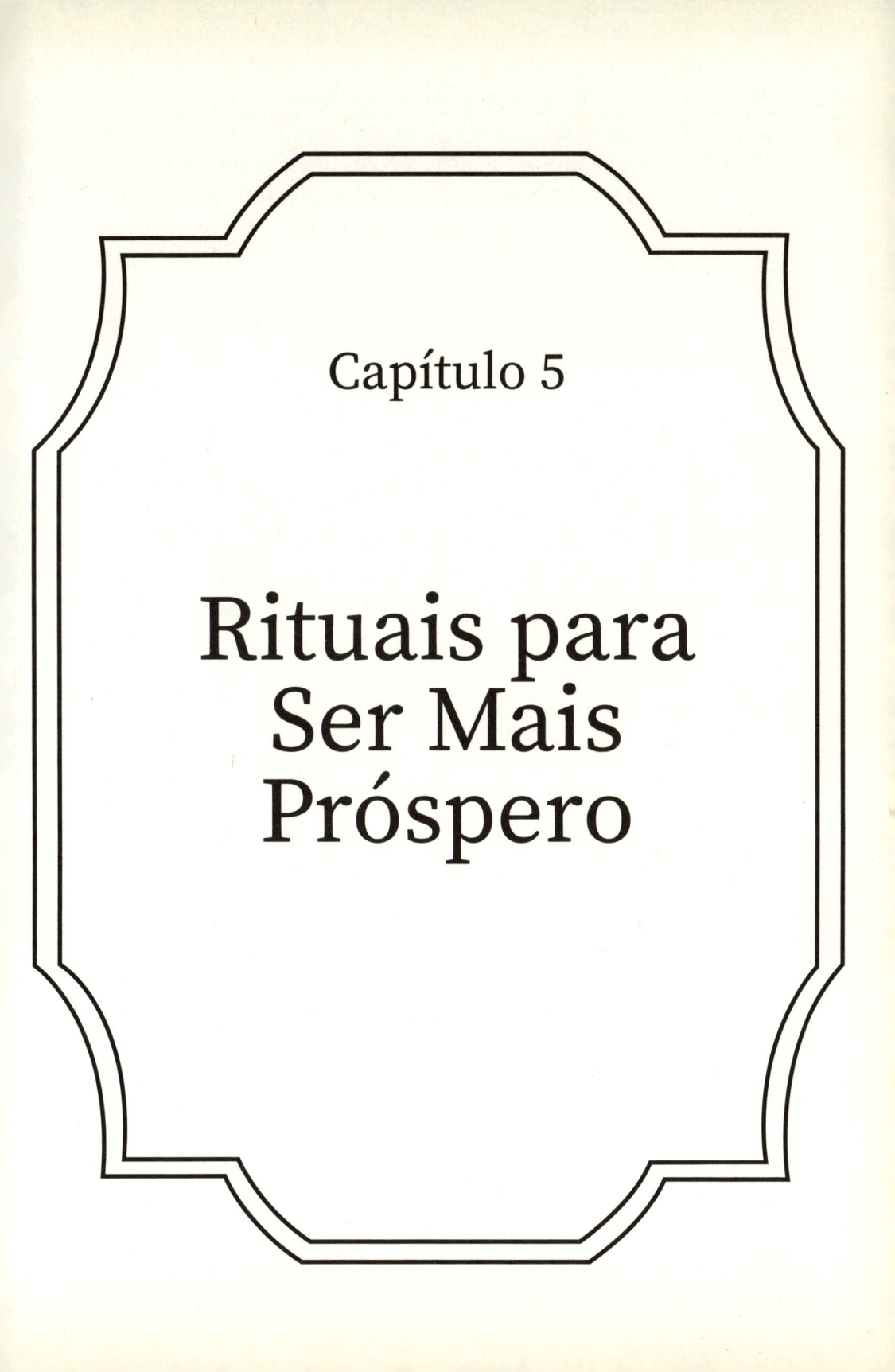

Rituais para Ser Mais Próspero

Provavelmente você já ouviu amigos lamentarem que eles desejariam não ter de trabalhar tão duro por um contracheque que mal cobre as contas. Eles não percebem que sua prosperidade (ou a falta dela) se origina com suas atitudes a respeito do dinheiro. Atrair prosperidade envolve mudar o paradigma de como você pensa, fala e se sente acerca do dinheiro, de modo que ele reflita abundância e prosperidade positivas, em vez de focar na negatividade e escassez.

De acordo com a antiga lei universal da atração (ou abundância), o semelhante atrai o semelhante, significando que seus pensamentos estão sempre atraindo para você o que mais está em seus pensamentos. Se você está obcecado com a falta em sua vida e suas lutas, você atrairá mais escassez. Pensar em abundância, contudo, pode atrair mais dela para você. Fragmente praticamente qualquer coisa, sua forma mais exígua, e você terá energia e informação. A partir da perspectiva da física quântica, a energia de seus pensamentos, literalmente, altera partículas do Universo para criar sua vida física. Quando você percebe que sua mente não está separada da mente do Universo e seu corpo não está separado do corpo do Universo – que tudo no mundo visível está conectado com a energia da matriz do mundo invisível–, você começa a entender que seus pensamentos, palavras e ações têm uma energia poderosa que pode extrair para sua vida o que você quer.

Ritual 61
Elimine Pensamentos de Escassez

Abrace a abundância

Quando você tem uma saúde abundante, você possui uma atitude positiva, acuidade mental e estado de alerta, bem-estar físico e energia exuberante. Uma riqueza excessiva sugere que o dinheiro é abundante em sua vida – você não tem medo de perdê-lo ou ter de lutar. Dinheiro é energia, e seus pensamentos são o magneto que atrai dinheiro para você. Quando você compreende essa premissa fundamental, você pode abandonar todos os pensamentos de escassez, luta, preocupação e medo. Em vez disso, crie uma consciência de abundância em todas as áreas da vida, incluindo a prosperidade financeira. Use o aroma das ervas para lembrá-lo de voltar, repetidamente, para a consciência da prosperidade. Certas ervas associadas com abundância financeira incluem lavanda, manjericão, menta e canela.

Misture uma pitada de manjericão seco, lavanda, menta e canela em seu bolso ou carteira em que você mantém seu dinheiro vivo. Abra diariamente sua carteira, mexa no dinheiro, deixe o aroma lembrá-lo de repetir uma afirmação do tipo: "Eu atraio prosperidade; minha vida está preenchida pela abundância e minhas necessidades são supridas". Quando você substitui os pensamentos de escassez por abundância e mantém pensamentos positivos de prosperidade no primeiro plano em sua mente, você configura uma atração energética para que a prosperidade flua para você.

Ritual 62
Escreva uma Lista de Bênçãos

Descubra a prosperidade que já lhe pertence

Risadas, amor, saúde, amigos, família, dinheiro, crescimento espiritual e uma rede de apoio amorosa e potente representam a cornucópia de bênçãos que sugere uma vida próspera. Nos ambientes de trabalho agitados que caracterizam o mundo moderno, você pode não perceber o quanto é abençoado. Praticamente todas as culturas têm símbolos rituais para atrair abundância. Uma tradição oriental é pendurar no canto noroeste de uma casa ou empresa um *yantra* (ou diagrama místico) representando Lakshmi, deusa da riqueza, ou Shree Kubera, mencionado nos Vedas como o Governante da Riqueza e dos Ricos. O canto noroeste também é conhecido como canto de Eshaan, um espaço altamente energizado para cultos.

Dentro de um envelope vermelho, escreva uma lista de suas bênçãos. Coloque um real. Feche o envelope e esfregue-o entre as mãos para gerar energia positiva que atrairá mais do mesmo. Coloque o envelope em um canto noroeste de seu espaço sagrado. Intensifique a energia colocando um cristal no topo do envelope e cubra ambos com um pano vermelho. Toda semana durante o ano, abra o envelope, examine-o e acrescente bênçãos à sua lista. Sacuda o real e o pano vermelho, e remonte como estava antes enquanto você recita: "Eu atraio uma abundância de todas as coisas boas que abençoam a mim e minhas posses".

Ritual 63
Borrife um Perfume de Sucesso

Atraia a prosperidade

Sucesso, em grande medida, pode ser melhor denominado como afluência, que vem do latim *affluere*, que significa "fluir abundantemente". Se sua visão de sucesso é um fluxo virtual de riquezas, então vá até uma loja de velas e compre três velas com perfume de cinábrio, ou faça a sua usando cera, pavio, um óleo essencial. Já que você está na loja, compre um *spray* com pouco aroma para refrescar o dinheiro dormido ou setor de riquezas de sua casa. Você não sabe onde está localizado o setor de riqueza? Encontre-o no antigo mapa baguá usado no *feng shui*, a arte chinesa da disposição. Remova a bagunça para criar espaço aberto. Essas ações encorajam o fluxo do dinheiro para dentro de sua casa. Acrescente cor verde no espaço para lembrá-lo do dinheiro. Coloque dentro da casa uma planta do dinheiro, que deve ter um fio ou fita de um vermelho auspicioso amarrada em torno da planta.

Todos os dias, verifique a saúde de sua planta, limpe o aposento, acenda as velas e pulverize uma névoa de cinábrio. Respire o aroma do sucesso e afirme: "Prosperidade flui com abundância para mim, abençoando minha vida para que com minha afluência eu possa abençoar a vida dos demais".

Ritual 64
Atraia a Abundância com Citrino

Prospere com o poder do amarelo

Da mesma forma que o quartzo, o citrino (em tons de amarelo intenso a champanhe, com tons esfumados e matizes vermino intenso) é uma pedra que é adorável de se olhar e também, acredita-se, possuir, energia poderosa. Na tradição folclórica do cristal, o citrino estimula os esforços para uma boa saúde e sexualidade. O matiz solar do quartzo supostamente alivia os sintomas da depressão, promove uma disposição feliz e ajuda a aliviar flutuações emocionais. O citrino tem sido associado com o chacra do plexo solar (Manipura). Em função de declararem que a pedra governa o sucesso e a prosperidade, e dissipa energias negativas, ela é chamada de "pedra do mercador" e "pedra do dinheiro".

O citrino é uma escolha popular em joalheria e você pode encontrá-lo na forma de brincos, anéis, pingentes e alfinetes. Antes de usar sua joia de citrino – que, é claro, você usará para atrair e magnificar a energia da prosperidade –, limpe a pedra com sabonete e água, enxague e seque totalmente. Depois de colocar a joia com a gema, diga a afirmação seguinte: "Eu me amo e aceito como digno de usar essa pedra poderosa. Estou atraindo a riqueza para mim". Quando você tirar a pedra, envolva-a em um tecido e guarde-a em uma caixa revestida com tecido, como por exemplo veludo.

Ritual 65
Acesse a Deusa da Fortuna

Convoque o Poder dos Símbolos de Riqueza

Se fosse para você imaginar-se como uma deusa da riqueza, qual seria seu símbolo? Invoque o poder de símbolos de riqueza para instalar uma energia de atração para a manifestação de prosperidade financeira. Escolha entre a inúmera diversidade de símbolos de riqueza encontrados em muitas culturas por todo o mundo. Encontre braceletes com encantamentos dos símbolos com os quais você associa mais ideias de prosperidade. Deixe-os servirem como estímulos visuais para desencadear pensamentos de oportunidades financeiras e prosperidade surgindo em sua vida. Quando você cria e usa joias que incorporam encantos de riqueza simbólicos, seus pensamentos focam melhor para atrair prosperidade e criar mais dela. Crenças se tornam realidade.

Crie um bracelete de berloques (ou outra peça de joalheria) com talismãs simbolizando riqueza. Para o bracelete, você precisará de material de linha forte, berloques e um fecho simples. Encontre-os na seção de materiais de joalheria em uma loja de artesanato. Todos os dias coloque o bracelete no pulso da mão direita. Coloque sua mão esquerda sobre o bracelete enquanto, mentalmente, recita uma afirmação de gratidão e outra para atrair riqueza: "Eu sou grato pela riqueza que já tenho. Não coloco limites de quantidade de dinheiro que ganho ou as quantias que estou atraindo". Repita esse mantra por todo o dia e também enquanto remove o bracelete no fim do dia.

Ritual 66
Marque seu Subconsciente

Espalhe dinheiro e imagens de moedas

Se você quer mais dinheiro, você tem de imprimir em seu subconsciente a ideia desse dinheiro fluindo em sua direção e sempre circulando em sua órbita. Confie que o banco do Universo está cheio de dinheiro para seus pedidos e saiba que o dinheiro chegando até você não significa que outra pessoa não irá ganhar o seu. Não é assim que a antiga lei da atração funciona. Cerque-se com imagens de dinheiro para lembrá-lo de focar em abundância e o fluxo positivo de energia que atrairá prosperidade.

Passe 15 minutos todos os dias com os olhos fechados, seu corpo relaxado e sua mente visualizando liberdade financeira. Imagine maços de notas de cem reais cintados em quantidades de milhares de reais. Veja esses maços cobrindo toda a superfície da maior mesa de sua casa. Sinta uma emoção vigorosa e positiva ao reivindicar esse dinheiro enquanto diz o seguinte: "Eu escolho trazer para minha vida agora (diga uma quantidade de reais)". Diga essa afirmação 30 vezes todos os dias por um mês ou dois. Quando oportunidades começarem a aparecer indicando que seu subconsciente está guiando-o em direção a atingir sua meta, agradeça e tire vantagem dessas oportunidades para criar riqueza.

Ritual 67
Mantenha o Dinheiro Circulando em sua Órbita

Pague adiantado

Quando você quer alcançar o sucesso em seu negócio ou outras áreas importantes de sua vida, essa vontade o ajuda a cultivar um desejo persistente e alinhar seus pensamentos, emoções e ações com esse desejo. Uma mente, corpo e espírito funcionando juntos em harmonia podem lograr um resultado mais rápido do que se você está em conflito. O que você mais pensa é o que você dispende mais esforço para obter. Pensamentos e ações são energias que desencadeiam reações positivas, negativas ou neutras. Expressar gratidão pelo dinheiro em circulação suaviza o caminho para que mais dinheiro apareça. Um ato de generosidade intensifica ainda mais essa probabilidade.

Todas as manhãs, enquanto se prepara para pagar o café no guichê para viagem, sinta o cartão de crédito de plástico ou papel-moeda em sua mão. Note a sensação de peso e depois falta de peso quando você paga, e peso de novo quando o cartão ou troco volta. Compre uma xícara de café para o cara que dirige o carro atrás do seu. Deixe-se envolver pela emoção de como a sensação de ser capaz de abençoar um estranho é boa. Demore-se na sensação de gratidão e leve-a para seu dia. Observe como o dinheiro está surgindo em sua vida à medida que você muda sua condição. Durante o dia, sempre que segurar uma moeda ou papel-moeda em suas mãos, diga: "Sou um ímã para dinheiro. O dinheiro flui facilmente para mim a partir da fonte divina por meio das pessoas, instituições e organizações do mundo".

Ritual 68
Use *Feng Shui*

Mude para um alinhamento de abundância

O *Feng Shui* ("fung shway", que significa "vento-água", é a antiga arte chinesa de disposição harmoniosa de objetos em sua casa, escritório ou paisagem para alcançar um fluxo otimizado de *qi* (pronúncia: "qui", significando "energia de força de vida"). Os praticantes acreditam que você pode criar uma atração de energia que traz prosperidade, saúde, sorte e paz quando você vive de acordo com os princípios do *feng shui* que enfatiza viver a vida em equilíbrio com a terra. Encontre um mapa baguá imprimível na internet. Três áreas estão listadas na base do mapa: crescimento espiritual, carreira e pessoas úteis. Segure o mapa paralelo ao chão e fique em pé na sua porta de entrada de frente para sua casa e determine onde está a área de prosperidade de sua casa em relação ao baguá. Vá até essa área.

• Tire a bagunça e limpe o espaço.
• Coloque uma planta viva no lugar (sem folhas espinhosas, bonsai ou cacto) e uma fonte de água de mesa com três moedas de metal amarradas em um fio vermelho ou um sapo com uma moeda em sua boca.
• Acenda um galho de sálvia branca e abane suavemente em todas as áreas do espaço, recitando a afirmação seguinte: "Santifico este espaço com energia positiva e sinto gratidão porque agora o dinheiro flui com facilidade aqui e permanece para o bem deste lar".

Ritual 69
Pegue seu Talão de Cheques

Faça um cheque para si

Escrever um cheque de abundância para si deve tomar apenas um minuto ou dois de seu tempo, mas ele pode pagar substancialmente em uma nova prosperidade. Considere como funcionou para outros como o ator Jim Carrey que – como diz a história – escreveu para si um cheque de 10 milhões de dólares que ele carregou consigo antes de tornar-se um nome conhecido. Escrever um cheque de valor considerável acessa a lei da atração que postula que todas as coisas que você quer ou precisa são atraídas para você a partir da fonte divina quando suas energias mentais e emocionais estão alinhadas com reconhecimento e gratidão, amor, generosidade e confiança. Faça o ritual da lua nova do cheque uma vez por mês.

- Em um cheque em branco (um verdadeiro ou um que você crie para parecer real) escreva a data corrente.
- Escreva o cheque nominal a seu nome legal completo.
- Deixe em branco o espaço da quantidade em reais, mas na linha de assinatura escreva: *Lei da Abundância*.
- Escreva no canhoto: *Pagamento integral*.
- Pegue o cheque no início de cada lua nova e segure o papel em suas palmas enquanto você visualiza a quantidade de dinheiro que deseja atrair naquele mês.
- Sinta a felicidade quando você é inspirado com ideias para oportunidades de fazer dinheiro e também quando o dinheiro flui. Não se esqueça de expressar gratidão (escreva recados de agradecimento e coloque-os em uma caixa onde você guarda o cheque).

Ritual 70
Adote sua Mentalidade de Milionário

Coloque o pensamento de atração para funcionar

Tenha como meta sossegar sua mente e abandonar pensamentos de escassez por 30 minutos todos os dias. Convide seu Eu Superior para inspirá-lo com ideias de como gerar maior fluxo de receita em sua vida. Prepare suas declarações "Eu sou" para refletirem abundância. Por exemplo: "Eu sou abençoado com abundância pelo Universo (ou o Divino, a Fonte ou Deus). Sou um recipiente ansioso para receber todas as coisas boas. Eu mereço". Monte imagens ou símbolos que refletem sua visão de riqueza. Foque uma intenção específica de riqueza como um salário maior, quantia aumentada em um contrato ou um lucro financeiro inesperado. Acredite que você é um ímã para a abundância. Abra uma conta de poupança para receber o dinheiro quando ele começar a chegar.

Três vezes ao dia segure um símbolo de riqueza (tais como um dólar de prata ou uma moeda de ouro) em suas mãos e esfregue-o suavemente entre as palmas das mãos enquanto repete três vezes a afirmação seguinte: "Graças ao Universo, estou manifestando prosperidade imensa e ilimitada". Para magnetizar a afirmação, sinta-se digno e cultive uma alegria e gratidão genuínas. Confie, implicitamente, que sua prosperidade está a caminho.

Ritual 71
Repare no Valor de sua Vida

Coloque valor na vida dos outros

Observar os modos como sua vida transmite valor para os outros e traz bênçãos sobre você cria uma lente espiritual para visualizar a prosperidade. Quando você trabalha com energia pela abundância para eliminar discos mentais e bagagem emocional velhos, você torna possível que a energia que ficou impedida ou presa mude. Pensamento positivo, ação energética e entusiástica e um senso de valor pessoal traz empoderamento. Quando você quer abundância, poder, riqueza e reconhecimento, o segredo é dar primeiro e depois segurar seu cesto para o Universo, para receber.

Compre ou faça um receptáculo como um pote de bronze, uma tigela de cristal, um cesto adorável ou uma caixa decorativa para guardar tesouros que surgem em sua vida. Elabore um ritual que magnetize esse recipiente com energia que atraia abundância. Por exemplo, mergulhe seu dedo em água corrente e passe-o em volta do aro ou abertura de seu recipiente. Erga a tigela, cesto ou caixa e peça que as bênçãos a cerquem, permeiem e encham a tigela para seu maior bem a fim de que você possa usar as dádivas para abençoar os outros.

Ritual 72
Crie um Mural

Retrate a abundância que você deseja

Suas palavras, pensamentos, emoções e imagens mentais – tudo tem potencial para mudar sua vida em direções diferentes. Você pode ter ouvido ou até criado um mural usando os setores baguá emprestados do *feng shui*. Em um pôster grande, desenhe três linhas de três caixas cada (nove caixas iguais). Começando embaixo, etiquete as caixas da esquerda para a direita como conhecimento, carreira e pessoas úteis. Na linha acima, comece no lado esquerdo, etiquete as caixas: saúde, equilíbrio e criatividade. Etiquete a linha final do topo começando na esquerda: dinheiro, fama e amor. Corte e cole imagens que reflitam para você a abundância relativa a cada caixa. A ideia é criar uma visão da vida que você deseja com um foco no que você pode ver, você pode manifestar. Coloque seu mural perto de sua escrivaninha.

Todas as manhãs ou noites (ou ambos), segure o mural e estude as caixas, acrescentando outras imagens a elas quando se sentir inspirado. Sinta-se feliz, animado e digno. Confie que o que você vê ,você obterá. Afirme: "Eu dou boas-vindas à abundância que flui com facilidade para mim de todos os setores de minha vida. Possa cada ser vivo e criatura receberem com abundância do Universo".

Ritual 73
Reúna um Círculo de Amigos à sua Volta

Encontre amizade abundante

Amigos influenciam sua vida de modos poderosos, desde ajudando-o a determinar a direção para onde você vai até a delinear seu sentido de identidade. Com amigos você vive mais, melhora a acuidade mental e expande seus interesses. Com frequência, é por meio dos amigos que você encontra um mentor ou conhece um parceiro romântico. Na amizade, em geral, você se alinha com outros como você. Contudo, você pode se beneficiar ainda mais escolhendo amigos de origens cultural e econômica diferentes porque eles expandem seu conhecimento do mundo. Pense em seus amigos como sua rede de apoio da vida. Honre-os com sua lealdade, apoio e compaixão, mas não tenha medo de eliminar os que demandam tempo demais e usam sua amizade apenas para desabafar. Celebre e nutra a abundância disponível para você por meio da amizade.

Uma vez por mês, reúna-se com os amigos para comerem e discutirem uma única questão (filosófica, espiritual ou sobre um tópico que force todos a se examinarem em busca de intuições). Escreva sua questão em um papel. Segure o papel entre suas mãos. Leia-o para os reunidos com o objetivo de começar a discussão. Deixe o alimento nutrir seus corpos, uma questão ritual nutrir suas mentes, e a reunião regular fortalecer os laços de amizade.

Ritual 74
Busque a Riqueza Interior

Faça com que ela beneficie outros

Imagine que dentro de si existe um poder infinito que você pode incitar a qualquer momento para suas necessidades. Confiar em um poder superior pode conceder-lhe o que você precisa no momento que precisa quando você abandonar todo medo baseado no ego, dúvida e ceticismo. Seu estado natural é de abundância, independentemente de quais circunstâncias você possa estar agora.

Para mudar sua consciência do estresse, conflito e dificuldades, tente alguma terapia com óleo essencial. O maior tesouro que você irá possuir é o conhecimento de seu Eu verdadeiro. Quando você acessa esse conhecimento, dádivas potentes e poderosas são suas para usá-las pelo bem no mundo.

- Acenda uma vela para simbolizar o banimento de toda a escuridão e negatividade.
- Use quatro óleos perfumados – sândalo, mirra, nardo e incenso –, coloque duas gotas de cada em um pratinho e as misture.
- Encharque uma bola de algodão com a mistura e agite-a embaixo de seu nariz.
- Convoque o Universo a fim de guiá-lo profundamente para dentro de si enquanto você olha para o ponto entre suas sobrancelhas.
- Pergunte como você pode usar suas dádivas abundantes do espírito e poderes intuitivos para ajudar os outros.

Ritual 75
Pendure um Carrilhão

Instale uma joia oscilante realizadora de desejos

Em textos espirituais asiáticos, de arquitetura e culturais, a joia realizadora de desejos figura como um tema recorrente de saúde e prosperidade, aparecendo nos tetos dos templos, na iconografia espiritual e em ornamentação de jardim. O símbolo, em geral, é criado ou como um objeto com a forma de domo ou uma gema multifacetada. Traga esse símbolo para sua casa, escritório ou jardim como parte de um carrilhão de vento para revigorar a energia de riqueza ao seu redor. Você pode integrar sua joia amarrando ou colando-a em uma linha de pescar e amarrando-a a um carrilhão pendurado perto de uma janela ou porta. Imagine a brisa agitando suavemente sua energia realizadora de desejos.

Dependure o carrilhão com sua joia realizadora de desejos no setor de riqueza de sua casa ou local de negócios. Depois de se levantar e antes de sua meditação diária, estale os dedos em volta da joia realizadora de desejos e respire profundamente três vezes. Depois passe seus dedos pela joia e os outros objetos dependurados no carrilhão. Recite mentalmente: "Enquanto minha intenção movimenta os objetos deste carrilhão e agita a energia realizadora de desejos da joia, atraio riqueza para minha vida".

Ritual 76
Use o Poder da Imaginação

Reimagine-se vivendo uma vida próspera

Quando você pode imaginar claramente viver sua vida de um modo novo e mais próspero, você começa a acreditar que isso é possível. Ajude-se a assumir essa crença tirando retratos com os objetos que representam abundância ou prosperidade para você. Talvez elas incluam objetos caros, tais como roupas de estilistas ou um carro caro. Deixe esses retratos ajudarem-no a elucidar sua imagem pessoal de um estilo de vida abundante.

Reserve 15 minutos todos os dias para sonhar acordado ritualmente sobre si mesmo vivendo sua vida abundante. De que modo essa vida difere da vida que você já vive? Se isso ajudá-lo a obter clareza para esse ritual diário, tire uma tarde todas as semanas para visitar lojas chiques onde você tire fotos com o celular de coisas que você sonha possuir. Se você adora roupas e deseja vestir-se para o emprego que você quer (não o que você tem atualmente), experimente um terno ou vestido caro que se encaixe em sua nova imagem idealizada de você rico. Compile uma fotomontagem em um diário ou mural. Use essas imagens para esclarecer e magnificar seus devaneios. Quando você devanear, coloque em foco como lhe parece uma vida abundante, defina intenções, estabeleça metas, torne-se receptivo a oportunidades que surgirem e aja. Quando sua vida é próspera, use seus minutos de devaneio ritual para ver outros prosperarem também.

Ritual 77
Nutra Outros em Direção à sua Grandeza

Ative a riqueza interior

Quando você ajuda os outros a conquistar sua grandeza interior, você está ativando sua própria riqueza interior, que afeta a riqueza e abundância por todos os outros aspectos de sua vida. Celebrar os atributos maravilhosos e o poder interno dos outros cria um espelho para visualizar seus dons inatos. Certos atributos e habilidades, tais como solicitude, resolução de problemas e perspicácia podem ajudar a concretizar sonhos e também estimular a resiliência interior. Ao apontar a grandeza em outros, você eleva a si. Grande não significa sem falhas ou perfeito. É perda de tempo focar em falhas – seja a dos outros ou as próprias. Quando você demonstra tal generosidade de espírito em relação a outros, você aumenta sua autoestima e confiança, que, então, magnetiza a energia da prosperidade. Você mostra que sua grande riqueza está em seu coração, não na posição social ou riqueza financeira (embora um espírito generoso atraia as duas também).

Acenda uma vela da prosperidade (na cor verde). Escreva em um papel o que você deseja e seja específico. Dobre o papel três vezes e coloque-o em um saco ou caixa de recordações (com a cor roxa da riqueza, se possível). Perfume uma bola de algodão com três gotas de óleo de bergamota. Crie uma afirmação que foque em seus atributos de maior sucesso. Por exemplo: "Eu sou inteligente, detalhista, capaz e digno de receber _____ (insira seu desejo), que está a caminho para mim. Agradeço ao Universo".

Ritual 78
Mude sua Mentalidade

Ouça gravações de prosperidade

Se você faz uma caminhada andando rápido em volta do parque em sua hora de almoço, anda de bicicleta entre os prédios do campus onde você trabalha ou viaja entre cidades para trabalhar, use o tempo para ajustar sua mentalidade em relação a dinheiro. Ouça audiolivros feitos por especialistas em riqueza e abundância com seus fones de ouvido e um tocador de mp3 ou celular ou insira um CD no reprodutor de CD do carro. Quando a mente consciente aprende e começa a acreditar que "eu mereço prosperar", a mente subconsciente irá ecoar essa crença. Mesmo o Buda considerava que os leigos podiam viver vidas prósperas e tornarem-se ricos. Ele os encorajava a terem sucesso. O sábio venerado, contudo, defendia que os que adquirissem riqueza tinham a obrigação de usar sua prosperidade para um propósito saudável e ganhar essa riqueza de um modo ético e honroso, sem mentiras ou prejuízo aos outros.

Torne seu celular e audiolivros de prosperidade parte integrantes de sua corrida matinal. Enquanto você aquece seus músculos, recite a afirmação: "Dinheiro é meu amigo. Todos os dias, de todos os modos, o dinheiro está fluindo para mim". Use suas luvas contra o frio matinal e saia. Ao sentir o apoio da terra sob seus pés enquanto você avança ao longo de seu trajeto, imagine como seu "amigo" dinheiro está sempre disponível para você.

Ritual 79
Compartilhe Possibilidades de Riqueza de Forma Diária

Compartilhar o que você sabe pode levar a mais oportunidades para a prosperidade

Percebendo ou não, você começa a atrair possibilidades de riqueza a partir do momento que você primeiro mentaliza ter mais do que deseja e menos do que não deseja na vida. As possibilidades de riqueza surgem como o resultado de suas intenções, novas oportunidades por meio de associações com pessoas que você conhece, novos contatos com novas ideias inspiradoras, e muitos outros jeitos. A prosperidade pode começar a aparecer em acontecimentos sincrônicos como resultado de sua resolução. Embora seus amigos e relacionamentos de negócios possam não saber como usar rituais, afirmações, intenções, estabelecimento de metas, esforço pessoal e sentimentos de gratidão para atrair riqueza, eles provavelmente o apoiarão em seu empenho. Você, por seu lado, pode compartilhar seu conhecimento sobre como o processo pode beneficiá-los e, ao mesmo tempo, reforçar seus próprios esforços, trazendo, portanto, maiores possibilidades de prosperidade.

Comece um ritual matinal diário acendendo uma vela verde (para riqueza e iluminação). Sinta-se centrado e enraizado. Dirija seus pensamentos para a interioridade e foque em um parente, amigo, associado nos negócios ou outra pessoa que você encontrará hoje que possa se beneficiar com maior prosperidade e seja receptivo às suas ideias e esforços. Considere meios de iniciar uma conversa sobre atração de riqueza. Como você se oferecerá para dividir conhecimento e apoio a ela no caso de essa pessoa escolher embarcar no caminho da prosperidade com você? Pense em como vocês podem auxiliar os esforços um do outro. Considere jeitos de unirem forças para ganhar dinheiro. Ajudar os outros o ajuda.

Ritual 80
Busque Servir Antes de Tudo

Seu ato de dar abre-o para receber

    Monges mendicantes errantes na Índia, Nepal, Tailândia, Burma e em outros lugares têm, basicamente, duas posses – um manto e uma tigela de esmolas. Com grande fé, eles saem todos os dias para compartilharem sua fé e receber o que os demais se inspiram a dar-lhes. Arroz e outros alimentos, frutas, incenso ou uma flor podem ser colocados na tigela. Nem o doador nem quem recebe tem poder sobre o outro. É uma troca livre na qual cada um beneficia o outro. Um é servido pela oferenda de um presente na tigela, o outro é servido recebendo orientação espiritual e sustentação. Em alguns casos, a transação acontece graciosamente em silêncio. O doador sabe que o monge carrega a tigela embaixo de seu manto e tem ciência dos horários de refeições do dia. Nada precisa ser dito. O ato de dar abre caminho para receber. Considere que dádiva pode vir em uma tigela que você designou como sua tigela espiritual de esmolas.
    Pense em sua tigela de esmola como uma tigela abundante. Coloque alguns grãos de arroz e uma flor na tigela. Borrife a tigela com algumas gotas de água e ofereça-a à fonte. Durante todo o dia, deixe essa tigela lembrá-lo da generosidade do Universo e conduzi-lo para um serviço profundo aos demais, fortalecendo com isso o fluxo interno da abundância.

Sequências

Atitude abundante

- Adote pensamento de abundância.
- Leve em conta suas preces.
- Cerque-se com os aromas do sucesso.

Forças de prosperidade

- Trabalhe com cristais poderosos, como o citrino.
- Invoque a deusa da riqueza.
- Imprima a prosperidade em seu inconsciente.

Abundância em ação

- Magnetize o dinheiro com suas boas obras.
- Alinhe-se com energia abundante.
- Desenvolva uma mentalidade milionária.

Alinhamento com a lei da prosperidade

- Instale um receptáculo para a abundância.
- Crie um mural de abundância.
- Cultive abundância interior.

Ambiente abundante

- Pendure um carrilhão da prosperidade.
- Ouça áudios sobre prosperidade.
- Ofereça possibilidades de abundância para os demais.

Capítulo 6

Rituais para Ter Mais Gratidão

Com que frequência você avalia suas bênçãos e sente-se grato por tudo de bom que você vê em sua vida? Se você não responder "muitas vezes", você deve querer incorporar a prática de ser grato todos os dias. A pesquisa mostra que as pessoas que vivenciam e expressam gratidão tendem a sentirem-se mais positivas com relação à vida e, com frequência, atingem níveis de sucesso que parecem escapar a pessoas menos gratas. A razão tem a ver com a estreiteza da ligação entre gratidão, otimismo e felicidade.

Pessoas que mental e emocionalmente vivenciam a gratidão têm uma percepção mais aguda do que a vida tem de gloriosa e colhem os benefícios de manterem e expressarem uma atitude de gratidão. A valorização de seus triunfos e sucessos aparentemente atrai oportunidades para mais em um ciclo que se autoperpetua. Quando seu músculo emocional da gratidão é ligado vigorosamente ao otimismo, os indivíduos obtêm sistemas imunes fortes, mais vínculos com os outros, um senso de positividade maior e uma perspectiva solar da vida. Em geral, sentir gratidão transmite um sentido de bem-estar, propicia melhor sono e está ligado a ter melhores relacionamentos. Vivenciar rituais compartilhados, expressar sentimentos de gratidão gera em você um sentido de pertencimento. E isso, também, é algo pelo qual ser grato.

Ritual 81
Respire Gratidão

Sinta-se grato pelos pulmões que sustentam sua vida

Você respira para se acalmar, e você respira em um alongamento profundo de ioga. Você recupera o fôlego depois da batalha de levar as compras para dentro de casa, ou ir atrás de seu cão de patas enlameadas. Você deve ter pulmões maravilhosos que recebem oxigênio fácil e exalam dióxido de carbono. Contudo, para pessoas que sofrem de asma e outros problemas respiratórios, ser capaz de respirar sem esforço nunca é garantido. A respiração o conecta com a sacralidade de toda a vida. Quantas vezes você para e agradece ao Universo por ser capaz de respirar o ar sustentador da vida? Antes de começar seu passeio ou corrida com seu cão ou sair para o mercado, tire alguns minutos para focar atentamente em sua respiração automática e sem esforço.

Observe a sensação do ar movimentando-se por seu nariz na inalação. Perceba a sensação suave e calorosa do ar exalado quando ela cruza seus lábios depois de terem deixado seus pulmões e se movimentado subindo sua traqueia e entrando em sua cavidade oral. Permaneça ciente por um momento, da sensação física da respiração. Com o foco concentrado, faça três ciclos de respiração profunda. Diga mentalmente: "Obri" na inalação e "gado" na exalação que é duas vezes mais longa que o ar inalado. Sinta seu coração e mente se encherem de alegria e gratidão.

Ritual 82
Preste Homenagem às suas Mãos

Sussurre gratidão por tudo que suas mãos fazem

As mãos são partes fantásticas de nosso corpo, funcionando quase continuamente durante suas horas despertas. Mesmo assim, você pode tomá-las como certas, não reconhecendo quão grande é sua contribuição para sua vida ou vendo-as como comuns quando elas, na verdade, são extraordinárias. Você usa suas mãos para demonstrar afeto, amor e conforto aos demais, faz oferendas, parte o pão com amigos e a família e alivia as dores. Sem suas mãos capazes, como você cuidaria do resto de seu corpo, abotoaria suas roupas, dirigiria ou andaria de bicicleta ou navegaria, ganharia seu pão, seguraria um livro, tocaria uma peça de música animada ou bela, escalaria uma montanha, arrancaria ou plantaria uma flor, protegeria seus olhos com as mãos quando observa um pássaro voando e as juntaria em oração? Ou onde você colocaria sua cabeça quando se deita de costas para contemplar o caleidoscópio de estrelas espalhadas no céu da meia-noite?

Lave e seque suas mãos. Massageie um creme nelas enquanto afirma: "Sou grato por minhas mãos fortes e capazes que revelam meus talentos e dons para o mundo e também nutrem meu corpo e alma de inúmeras maneiras".

Ritual 83
Mantenha um Diário de Gratidão

Foque no que está fluindo

Quando você quer focar no lado positivo de sua vida, um diário de gratidão pode ser uma ferramenta poderosa. A evidência científica sustenta o princípio de que as pessoas que são gratas tendem a ser mais felizes do que aquelas que não são gratas. Quando você foca em atividades que estimulam a felicidade, isso inclui atos aleatórios de bondade que você pratica para com os outros, esses atos melhoram seus níveis de gratidão. Manter um diário desse tipo pode levar a maior otimismo, uma vez que você confia em suas bênçãos. Escreva no diário pelo menos uma vez por semana. Escreva três coisas pelas quais você tenha gratidão ou que lhe tragam alegria. Acrescente outras observações positivas, registre acontecimentos sincrônicos e anote citações inspiradoras ou metas de felicidade. Crie um título para as anotações do dia. Pesquise afirmações de gratidão ou citações inspiradoras em seu computador e imprima-as para inclusão em seu diário. Na medida em que as semanas progridem, você pode olhar suas entradas anteriores e sentir-se animado e realizado por toda a bondade em sua vida.

Compre ou crie um diário. Esfregue as palmas das mãos uma na outra para criar energia ao mesmo tempo em que mantém em sua mente pensamentos de gratidão e valorização pelo mundo admirável. Coloque suas palmas viradas para baixo sobre o diário para transmitir a energia positiva para ele.

Ritual 84
Semeie Sementes de Gratidão

Faça uma colheita de felicidade

Torne a gratidão um princípio orientador em sua vida. Comece praticando a atenção plena ao momento presente. Deixe seus sentidos de visão, olfato, audição, paladar e tato e sua intuição informá-lo do grande poder e bênçãos inerentes em um único momento. Absorto, você abandona o fazer e começa a ser. O júbilo surge espontaneamente em você, mas, por estar tão focado, você pode não perceber quão feliz e satisfeito você se sente. Mais maravilhoso ainda é que você perde seu sentido de individualidade e os temores desaparecem. Ser capaz de praticar a atenção plena é uma dádiva em si. Essa prática antiga pode levá-lo a valorizar a interligação de toda a vida e desejar reconhecer toda a bondade que existe em cada momento. Por sua vez, tais sensações de gratidão por como você é abençoado podem desencadear um desejo de ajudar os outros a encontrarem a felicidade.

Use uma pedra pequena com a palavra gratidão impressa nela como uma pedra de toque para lembrá-lo de usar uma linguagem positiva e dizer obrigado muitas vezes. Carregue-a em seu bolso para que durante todo o dia, sempre que tocá-la, você seja lembrado de plantar sementes de gratidão.

Ritual 85
Expresse Gratidão em Casa

Regue os que o amam com valorização

Não perca a oportunidade de expressar gratidão para pessoas que você ama e que o amam e apoiam – sua família. Se você demonstra apreço quando alguém limpa a mesa do jantar, leva o lixo para fora ou coloca uma remessa de toalhas no banheiro – com isso facilitando sua carga de trabalho, já podendo demandar que você ande milhares de passos por dia –, diga a essa pessoa o quanto você é grato pelos esforços dele ou dela. Quando você assume que sua gratidão é compreendida e não são necessárias palavras, você está privando aquela pessoa de uma dádiva que pode significar tudo para ele ou para ela. Ofereça-lhe um abraço. Diga-lhe com sinceridade genuína o quanto ela é importante em sua vida. Mostre amor e reconhecimento a cada oportunidade, mesmo quando não tem outras pessoas em volta, você pode reforçar sua atitude de gratidão.

Colha uma folha de gerânio rosa e segure-a abaixo de seu nariz. Inspire a tranquilidade enquanto fecha os seus olhos e diz uma prece agradecendo o Universo por aqueles que o amam e apoiam e a quem você estima. Saia para uma caminhada. Invoque mentalmente cada pessoa a quem você ama e diga-lhes: "Obrigado por estar em minha vida". Sinta gratidão por eles estarem caminhando pela estrada da vida com você.

Ritual 86
Mostre Gratidão com *Ahimsa*
Pratique a não violência

Ahimsa, segundo muitos, é a base do caminho da ioga. A palavra deriva do sânscrito, significando "não prejudicar". Na Índia, a prática de não prejudicar ou não violência é considerada uma virtude cardinal para os hindus, budistas e jainistas. O texto sagrado, o *Chandogya Upanishad*, datado do século VIII a.C. ou século VII a.C., lista *ahimsa* entre as cinco virtudes essenciais que também incluem veracidade, sinceridade, clareza e reconciliação. Na prática, *ahimsa* dita que você considera todos os seres vivos (humanos, animais e todas as formas de vida) como um reflexo do Divino. Falar mal de alguém, criticar ou alimentar pensamentos ruins sobre outra pessoa só maltrata o eu. Portanto, você deve tomar cuidado para não prejudicar outra criatura com seus pensamentos, palavras ou atos.

Considere mudar para uma dieta vegetariana, vegana ou de alimentos crus, mas antes verifique com seu médico. Compre uma variedade de vegetais coloridos. Antes de começar a prepará-los, segure vários em suas mãos e agradeça pelo Universo abundante que fornece os meios para você não prejudicar a vida de outra criatura para nutrir a sua.

Ritual 87
Visite um *Ashram*

Sature-se com gratidão abençoada

Um *ashram* – ou local que peregrinos espirituais visitam para sentirem-se elevados – pode inspirá-lo a sentir-se grato pela magnificência da natureza, a diversidade de culturas e incursões exploradas por você nos reinos sagrados com a orientação do guru do *ashram*. Os *ashrams* possuem energia vibracional elevada que pode aumentar dramaticamente sua intuição e consciência. Muitos *ashrams* estão situados próximos a fontes de água, outros estão localizados em montanhas dotadas com cavernas há muito adoradas pelos iogues que deram valor a esses lugares sublimes de solidão para praticarem *sadhana* (práticas espirituais). Como convidado de um *ashram*, pode-se esperar de você que faça algum serviço abnegado como limpar o chão ou fazer a limpeza após as refeições – tarefas que também oferecem a oportunidade de obter um bom carma. Se você está assistindo a um vídeo de viagem ou documentário sobre um *ashram* ou local sagrado, tome nota dos passos específicos nos padrões de devoção diária em modos de retribuir ao despertar dos sentimentos de gratidão em você.

- Sente-se diante de seu altar doméstico.
- Acenda um incenso e uma vela.
- Toque um sino para anunciar aos deuses que você está presente e grato.
- Entre no templo de seu coração, mergulhe em um momento de sensação profunda e honesta de gratidão pela exposição às verdades espirituais e todo o modo que elas chegam (seja por viagem, vídeos, livros ou contato pessoal).
- Ofereça um louvor diário aos dons gloriosos do Universo, visíveis ou invisíveis.
- Guie sua consciência profundamente para a interioridade, desfrute a bem-aventurança.

Ritual 88
Escreva uma Carta
Entregue-a em mãos

Expressar gratidão é uma habilidade que pode ser desenvolvida e aperfeiçoada com a prática habitual. Quando você quer compartilhar suas sensações de apreço por alguém ou algo que ele ou ela fez para você, escreva uma carta para essa pessoa. Palavras têm significado, mas palavras em uma página são tão mais duradouras. O receptor pode pegar a carta muitas vezes para ler e sentir-se elevado por suas palavras sinceras. Talvez você seja alguém que simplesmente não se sente confortável em efusões para os outros sobre o quanto você valoriza o que eles fizeram para você. Quando você reserva um tempo para sentar-se e escrever uma carta, você pode focar na linguagem, tom e estilo para como você quer manifestar sua gratidão.

Use o método da carta para agradecer a um amigo por trazer-lhe sopa de galinha quando você estava doente ou dividir a fartura de seu quintal ou deixar você usar uma cabana vazia em sua propriedade para estoque. Uma carta manuscrita é muito mais pessoal do que uma digitada para os propósitos de oferecer um agradecimento. Designe uma caneta especial para esse propósito.

- Pegue papel e caneta.
- Feche os olhos e respire profundamente por três ciclos.
- Reúna seus pensamentos sobre os atos altruístas de seu amigo.
- Sinta a gratidão surgindo e escreva a partir dessa energia.

Ritual 89
Renove seu Olhar

Crie uma nova lente a fim de olhar para o antigo e familiar

Incite o fascínio e admiração de uma criança que vê algo pela primeira vez para inspirar as sensações de gratidão por coisas comuns em seu mundo. Talvez você nunca tenha notado o imenso olmo do lado de fora do prédio de seu escritório cuja copa fornece sombra contra o calor do verão e perde suas folhas no inverno para deixar o sol aquecer o exterior do edifício e iluminar os interiores escuros. Ou o modo como a neve reluz à luz do luar. Ou a tessitura em forma arredondada da intrincada teia tecida pela aranha que teve seu início em um único fio. Talvez você possa olhar com os olhos de uma criança o nascer da lua cheia, as gotas de chuva em uma poça ou o surgimento do arco-íris no céu depois da tempestade e deixar a admiração surgir em você para encher seu coração com gratidão.

Use uma fita vermelha para dependurar um cristal em uma janela voltada para o leste onde ele possa agir como um prisma para a luz do sol. Dê um giro suave nele para criar arcos-íris dançantes em seu quarto. Quando você estiver em um momento de tristeza, vá até o cristal e seja lembrado dos arcos-íris em sua vida pelos quais você é grato.

Ritual 90
Reze com Frequência

Intensifique sua prática de gratidão

Rezar com frequência já pode ser algo que você faz em privado ou com os outros em uma comunidade religiosa ou espiritual. A pesquisa sugere que rezar regularmente estimula níveis mais altos de gratidão. Se você ainda não reza em uma base fixa, considere começar e terminar seu dia com uma prece. Reze às refeições. Reze quando você está transitando no carro. Quando você está viajando de metrô, ônibus, trem ou táxi, reze mentalmente entre as paradas. Suas orações podem ser declarações simples de gratidão, ditas espontaneamente e de forma livre. As orações não precisam ser eloquentes ou formais. Você nem tem de fechar os olhos, embora manter afastadas as distrações sensuais possa ajudar a aprofundar seu foco e sua ligação emocional com a fonte de seu ser.

As orações não têm exigências além de um coração humilde e fé com que a prece é recebida. É preciso apenas de um momento para contatar a fonte de seu ser interior e pronunciar uma declaração de apreço e gratidão. Uma vez que a oração pode ser feita a qualquer momento de seu dia, considere fazer um intervalo para o chá todas as tardes. Acenda um ramo de sálvia para limpar e consagrar o espaço à sua volta e depois bata palmas em oração e sussurre: "Eu agradeço a dádiva maravilhosa da vida".

Ritual 91
Analise as Intenções por Trás de seus Presentes

Insights inspiram gratidão

Quando você é o receptor de um bem vindo dos outros, reserve um tempo para pensar sobre o que em seus corações os levaram a dar aquele presente para você. Pense na motivação de quem deu o presente e na ocasião. Você pode chegar à conclusão de que a decisão do presenteador não era totalmente extravagante, mas talvez tivesse um propósito. Você foi escolhido para receber por um motivo – ele ou ela queria levar felicidade a você. Pergunte-se se a pessoa teve de pagar um custo para lhe dar aquele presente.

Por exemplo, se seu presente foi um pote de geleia da primeira colheita de damascos da árvore de seu vizinho, pense em quanto tempo seu vizinho passou colhendo, lavando, descaroçando e tirando a pele das metades, misturando a fruta com outros ingredientes, mexendo o tacho, enchendo e processando os potes. Aparentemente, isso trará um sentido de gratidão profundo.

Sirva uma xícara de chá para si e coloque seus pés para cima. Reflita sobre a pessoa que fez um bem para você. Beba seu chá e deixe que surjam vários modos de recompensar a bondade. Torne um deles em ação.

Ritual 92
Seja Grato aos seus Animais de Estimação

Cubra-os de amor

Considere-se sortudo se você tem animais de estimação. A ciência mostra que possuir um animal de estimação – como um cachorro ou gato – pode melhorar sua saúde, baixando o estresse e a pressão sanguínea. Cachorros, em especial, trazem horas incontáveis de travessuras bobas, beijos sujos, peripécias divertidas e amor incondicional. Gatos são apreciados por sua independência e tendência a se aconchegarem próximos a você para uma soneca, em geral deitados em posições bonitinhas ou contorcidas enquanto dormem alheios a tudo o mais que esteja acontecendo na casa.

Cães e gatos podem ser a plataforma original de rede de contatos – eles o ajudam a se conectar com outras pessoas como nenhuma outra coisa. Só o fato de cuidar deles faz com que você se sinta aterrado e ancorado e menos estressado. Seu animal de estimação não liga se você teve o pior dia de sua vida no escritório. Ele ou ela só querem passar um tempo com você. Como retribuição, você pode ser grato a seu animal de estimação por ajudá-lo a viver uma vida mais longa e saudável.

• Passe bons momentos com seu animal de estimação todos os dias, praticando atenção plena.
• Saboreie as sensações de seus sentidos de visão, olfato, tato e auditivo.
• Observe seu animal de estimação fazendo suas coisas todo feliz, contente por estar com você no aqui e agora.
• Sinta o amor e a gratidão se avolumarem em seu coração.
• Escreva sobre experiências de atenção no tempo passado com seu animal de estimação.

Ritual 93
Valorize seu Sucesso Material

Considere-se afortunado

Suas posses materiais têm significado para você, algumas posses, talvez, mais do que outras. Quando você faz o inventário do que você conquistou ou adquiriu, sem dúvida existem itens por cuja posse você se sente abençoado. Não existe nada de errado nisso. De fato, fazer o inventário dos bens pessoais dos quais você não suportaria se separar pode inspirar uma estima renovada de como esses itens vieram a ser seus e o quão feliz – até seguro – eles fazem com que você se sinta.

Você pode ter uma manta preciosa que costurou com a ajuda das mãos artríticas de sua avó antes de ela morrer, que hoje ocupa um lugar em sua cama e em seu coração. Ou sua peça favorita pode ser um pote de chocolate que você carregou pela Europa durante seus dias de mochileiro. Ou, possivelmente, seu item mais estimado seja o *rudraksha mala* dado a você por seu professor que disse que o Buda usou o mesmo tipo de contas. Ter seus itens em um espaço de convivência não significa que você sempre os note com gratidão.

Com o coração aberto, toque cada item que você ama todos os dias. Feche os olhos e deixe seus dedos em contato com o item. Se o contato desencadear uma lembrança terna, esteja totalmente presente com ela. Afirme sua gratidão por tudo o que você tem.

Ritual 94
Poste Retratos nas Mídias Sociais

Seja um farol de luz

As mídias sociais mantêm as pessoas conectadas como nunca antes. É onde você pode mostrar à sua mãe que mora em outra estado a foto da deliciosa torta sem farinha que você fez usando a receita dela e pela qual você é grata (já que ela sempre fica perfeita). Quando seu melhor amigo que vive na costa oposta quis ver aquele novo gatinho que você adotou do abrigo local, sua foto na mídia social trouxe um "gosto" instantâneo. E quando um velho amigo do passado o localizou e fez contato, é porque a tecnologia permite encontrar as pessoas mais facilmente do que nunca. A mídia social foi onde você fez seis novos amigos no último mês. Quando você usa a mídia social, seu mundo se amplia.

Já que você está conectado como nunca, use a plataforma para expressar gratidão com regularidade. Ter pessoas comentando suas postagens pode trazer sensações positivas. Em troca, você pode ser um autêntico farol de luz brilhante e positividade quando comenta as postagens de outras pessoas. Divertir-se com as mídias sociais é bom quando o torna feliz. Contudo, os especialistas também nos avisam que um dos lados ruins das mídias sociais é a tendência ao consumo passivo das vidas de outras pessoas que pode torná-lo menos feliz com a sua. Então, um ritual ótimo pode ser postar alguma coisa *on-line* todos os dias do ano focando em uma bênção por aquele dia pelo qual você é grato.

Ritual 95
Instale um Jarro de Prêmio de Gratidão
Encha-o com notas de agradecimento

Em geral, jarros estão cheios de coisas boas de um jardim – geleias suculentas pequenas nos recipientes menores, temperos, tomates e molhos de abóbora em jarros de tamanho médio e pêssegos e peras sumarentos, sem mencionar feijões verdes, milho e todos os tipos de abóboras colhidos no topo de sua perfeição – armazenados em potes de conservas de boca larga. Jantar nessa fartura no fim do inverno acende o calor do verão e lembranças que, com certeza, tocarão as cordas de seu coração em agradecimento. Coloque sua caneta de confiança no papel e cultive a dádiva da gratidão.

Acertou em cheio um asana de ioga particularmente desafiador e sente-se muito feliz com isso? Escreva a respeito. Quando seu parceiro lhe traz chocolate ou flores do nada, escreva o quanto ele ou ela fez você feliz. Depois de um período de meditação do qual você emerge espiritualmente carregado, note o quanto você se sente abençoado. Escreva sobre sua gratidão. Todas essas notas ficam largadas em sua jarra de gratidão no jardim. Faça sem ritual em três partes: preste atenção no que aparece em sua vida. Perceba como os acontecimentos, pessoas, circunstâncias e objetos colorem suas emoções, em especial quando algo gera alegria, paz, confiança, verdade e valorização. Reserve um tempo para escrever demoradamente sobre essas coisas pelas lentes da gratidão e depois jogue suas notas dentro do jarro.

Ritual 96
Fortaleça os Laços de Amor

Note as pequenas coisas

Estudos mostram que os relacionamentos românticos são fortalecidos por gratidão. Em um casamento, por exemplo, quando um dos esposos oferece um profundo benefício a seu ou a sua companheira, esse bem cria um sentido de gratidão e dívida em quem recebe. O esposo que recebe é lembrado da bondade do outro, e isso desencadeia felicidade e outras sensações positivas. Portanto, os laços do relacionamento são fortalecidos. Pequenas atenções por ambos os parceiros aumentam a satisfação do relacionamento, ou proporcionam o que um estudo chamou de "injeção intensificadora" da ligação romântica.

Todo relacionamento tem seus altos e baixos, mas expressões de gratidão são bons indicadores de retomadas. De fato, basta perceber o comportamento cuidadoso para se ter aquela injeção auxiliar. A gratidão que alguém sente em um momento desencadeia uma cascata de emoções. O efeito positivo de fazer, dizer ou perceber pequenas coisas que beneficiam seu parceiro romântico aumenta a felicidade em seu relacionamento e os aproxima cada vez mais. Você se sente ligado mais profundamente, amado e valorizado. Torne seu ritual matinal dar uma caminhada meditando ou fazer uma meditação sentado com atenção plena na respiração. Então, quando você estiver cheio de paz e seu coração, aberto, encontre uma pequena coisa que você admira em sua parceira e fale nela com apreço.

Ritual 97
Tire os Velhos Álbuns de Fotos do Armário
Traga à tona as lembranças afetuosas

Quando você se sente solitário ou ansioso por desejar algo que não consegue definir, você deve tirar os velhos álbuns de fotos ou caixas de fotografias e começar a mexer nelas. Logo você volta para um acampamento na infância com a família. Talvez vocês estivessem visitando as missões na Califórnia para seu projeto escolar do ensino médio, ou tendo ajuda de sua melhor amiga com seu vestido de formatura antes de seu acompanhante aparecer. Essas sensações podem fazer surgir a gratidão quando você percebe que teve família e amigos que o amaram e talvez ainda estejam em sua vida e empenhados em sua felicidade. Os pesquisadores dizem que não é incomum pessoas buscarem o estímulo emocional positivo que elas têm em uma dose de nostalgia; é um estimulador do bom humor. Quando você está se sentindo triste, uma pequena viagem pela memória pode ser uma ferramenta muito compensadora que você pode usar para voltar ao equilíbrio. Não só isso, mas essa viagem também o energiza e ajuda a sentir-se conectado.

As fotos são uma ponte entre o passado e o presente, lembrando-o de velhos amigos e conhecidos com quem você possa ter perdido o contato. Você deve sentir-se motivado a buscá-los e restabelecer a relação com eles. Conforme os sentimentos nostálgicos derem lugar ao reconhecimento da riqueza de seu passado, otimismo para seu presente e esperança pelo futuro, a gratidão surge. Use essas sensações positivas como ponto de partida para uma jornada por tudo que surgir para você em torno de sua nostalgia.

Ritual 98
Pendure uma Lousa com Canetas

Escreva nela diariamente

Torne a expressão de gratidão um assunto familiar colocando uma lousa com canetas hidrográficas de diferentes cores brilhantes na área comum de sua casa onde os membros familiares se congregam. Faça com que todos saibam onde está pendurada a lousa e encoraje-os a reservarem um momento todos os dias para escrever nela. Em meio a todo o estresse e notícias negativas no mundo, a lousa se torna um instrumento de comunicação positiva, refletindo seu profundo e sincero reconhecimento pelo bem que você vê e vive.

Uma vez que todos os membros da família são capazes de ler os comentários uns dos outros sobre o que ou quem os fez felizes e por que eles são gratos, os comentários da lousa apresentam pontos de partida para discussões futuras sobre gratidão com sua esposa, filhos e até amigos que por acaso vejam os comentários. A vida é curta e as crianças crescem rápido demais. Você pode desejar capturar alguns desses escritos na galeria de fotos de seu celular para se lembrar delas, já que limpar a lousa as apaga. Torne o que vem a seguir seu ritual diário de escrita.

- Faça várias respirações de limpeza.
- Sinta-se centrado, ancorado e focado.
- Reflita sobre quem ou o qual é a razão para você sentir-se grato e por quê.
- Liste três itens de gratidão na lousa.

Ritual 99
Retribua

Passe para a frente

Quase todos sabem o que significa retribuir. Quando alguém faz algo para você, que retribui à mesma altura. Passar para a frente significa que quando alguém lhe faz uma boa ação, você faz algo bom para outra pessoa. Esses atos de generosidade desencadeiam muita positividade, sensações inspiradoras de felicidade e gratidão. Em uma cafeteria do tipo pegue e leve, uma pessoa compra seu café matinal e espontaneamente decide pagar pelo café do motorista do carro atrás dela. Isso provoca surpresa e gratidão no segundo motorista, que decide pagar pelo terceiro. E por aí vai, seguindo a fila de carros, o efeito em cadeia começa quando um motorista depois do outro está pagando por um pedido de café para perfeitos estranhos.

Quando você inicia um efeito em cadeia com um pequeno gesto, você nem sempre chega a ver aonde sua ação pode levar. Porém, faça-a assim mesmo. Torne o retribuir ou passar para a frente um ritual diário: ofereça troco para alguém com pouco dinheiro para a passagem de ônibus. Ajude alguém a pegar a vaga de estacionamento que você está para desocupar. Compre o almoço para um sem-teto. Registre essas ações e suas emoções em seu diário. Sinta-se inspirado a fazer mais.

Ritual 100
Faça um Retiro de Gratidão

Saia de fininho para a Natureza

Periodicamente, é bom descarregar todas as energias que você absorve durante o dia, seja você uma mãe que fica em casa lidando sozinha com as demandas de filhos, animais de estimação, montanhas de roupas para lavar, refeições a ser feitas e cômodos para limpar, ou um profissional que trabalha duro e ama seu trabalho, mas coleta um monte de energia negativa indesejada de interações estressantes com outros. Mesmo se sua vida diária de trabalho não for estressante, sair de fininho para um pouco de descanso na Natureza para recarregar é uma escolha saudável a fazer. Essas saídas ajudam a levá-lo de volta ao seu centro e reequilibram suas emoções.

Na presença curativa da Natureza, todo o seu ser mente-corpo muda. A agitação dá lugar aos antigos ritmos das árvores balouçando, do tempo medido pelo lento avanço do sol pelo céu, do efeito calmante do canto dos passarinhos quando a tarde se aproxima e do baixar do véu do crepúsculo sobre a paisagem. Sinta gratidão pelo encher e esvaziar de seus pulmões. Sinta o cheiro fragrante da floresta – a terra crestada pelo sol, os detritos das plantas, pinheiros e juníperos. Ou, se for inverno, escute a neve triturada sob os sapatos e sua suavidade quando cai dos galhos para o chão. Respire profundamente com atenção plena. Reflita. Deixe a gratidão encher seu coração. Guarde esse momento.

Sequências

Vida Sagrada

- Sinta gratidão pelo conhecimento espiritual.
- Plante sementes de gratidão.
- Desenvolva uma nova lente para ver a gratidão.

Saturado de Gratidão

- Sinta gratidão por seus pulmões.
- Reconheça o trabalho que suas mãos fazem.
- Compartilhe o amor de seu coração.

Gratidão em Prática

- Evite magoar em pensamento, palavras ou atos.
- Invista em uma vibração mais elevada de gratidão visitando um *ashram*.
- Intensifique sua gratidão com orações.

Faça a Luz da Gratidão Brilhar no Mundo

- Escreva uma nota pessoal de agradecimento e apreço.
- Faça a luz da gratidão brilhar nas mídias sociais.
- Encoraje o compartilhamento da gratidão em família.

Capítulo 7

Rituais para Melhorar sua Intenção

Intenção é uma decisão que você toma no presente que se manifesta no futuro. É mais do que esperança ou desejo – nenhuma dessas são fortes o suficiente do ponto de vista da energia para manifestar alguma coisa. A intenção é a determinação de que você *irá* cumprir uma meta ou *irá* atrair uma pessoa, circunstância ou coisa que você deseja. Esqueça o passado: você não pode mudá--lo. Aceite seu presente e considere o tipo de futuro que você quer. Visualize-se em sua vida futura. Onde você está, o que você está fazendo e como você vive e se sente? O que tem à sua volta? Quem está com você? Você está casado ou solteiro? Está trabalhando com o quê? Divertindo-se com que tipo de passatempo? Qual a coisa mais importante sobre esse futuro? Foque em formar uma intenção clara antes de pedir ao Universo pela manifestação dele. Quando você tiver uma meta ou intenção, pode começar a dar certos passos para reivindicar sua visão. Todos os seus esforços – visualização criativa, convocar emoções poderosas, agir, pensar e falar sobre seu sonho e fazer afirmações – combinam-se para trazer seus objetivos para a fruição. Com demasiada frequência, as pessoas não veem um resultado instantâneo e desistem. Não se precipite fazendo isso. Se você quer, de verdade, um resultado bem-sucedido, seja persistente.

Ritual 101
Aprenda a Ser Preciso

Diga o que você quer, mas com clareza

Quando alguém lhe pergunta o que você fará com sua vida, como você deveria responder? Muitas pessoas passam por suas vidas como autômatos, agindo em função de circunstâncias exteriores e queixando-se de mudanças inesperadas e oportunidades perdidas. Poucos de nós vivem em isolamento. A maioria das pessoas está cercada por muitas outras pessoas – família, amigos, colegas de trabalho, chefes e outros. Todas essas pessoas exercem uma influência sobre você. Elas estão se movimentando em determinada direção. Viver uma vida com intenção significa que você escolhe ficar passo a passo com eles ou adquirir um propósito e movimentar-se em uma direção completamente diferente.

Digamos que você não gosta de trabalhar com o público e em vez disso quer devotar sua vida ao trabalho ecológico que beneficia o planeta. Seu sonho encontrará resistência de todos, menos de seu amigo mais próximo, que o apoia para que siga seu coração. O que os outros dizem deve importar menos do que seu desejo. E o que você deseja, você pode determinar pela intenção de o ter. Estabeleça um tempo todos os dias para renovar sua intenção. Inspire e expire. Diga "Om". Faça uma declaração específica que use linguagem clara. Por exemplo: "Eu pretendo viver e trabalhar em uma vila ecológica do interior onde tudo é compartilhado e a vila está organizada de acordo com a ecologia e sustentabilidade".

Ritual 102
Agarre a Oportunidade Quando Ela se Mostrar

Espalhe lembretes de sua intenção de viajar

Você sempre quis ir ao Peru, ver os Andes, a Floresta Amazônica e Machu Picchu. As paisagens peruanas, catedrais coloniais e o trabalho de arte étnica pontuam suas paredes. Você não consegue explicar a atração, já que não conhece nenhum peruano nem teve nenhuma exposição ao país. Ainda assim, quando alguém lhe pergunta para onde você mais gostaria de ir de férias, aquele país surge em seus lábios. Escreva sua intenção em uma declaração de propósito clara e depois você estará pronto para fragmentar sua intenção em metas adicionais menores. Anote-as e um prêmio para cada uma delas. Siga esse plano com a seguinte afirmação: "Eu pretendo visitar Machu Picchu em maio do ano que vem durante o ciclo da lua cheia". Mantenha-se focado. Não duvide e você chegará lá, porque toda intenção deve ser atendida.

Aqui está um ritual para ser feito duas vezes ao dia para fortalecer sua intenção específica (no caso de não ser ir a Machu Picchu). Acenda uma haste (de pasta de perfume seco) ou incenso para santificar o espaço.

- Sente-se em seu asana favorito para meditação, com os olhos fechados, e declare sua intenção específica.
- Sinta-se digno. Confie que você foi ouvido.
- Visualize seu desejo se manifestando e sinta a elevação emocional.
- Agarre a oportunidade quando ela vier. Agradeça.

Ritual 103
Seja seu Próprio Herói

Faça por si o que você sempre faz pelos outros

Você se dá generosamente em uma miríade de sentidos. Você não se sente orgulhoso com isso, simplesmente faz o que acredita que deve ser feito para ajudar – na escola, trabalho, igreja e nas várias organizações às quais você pertence, bem como aquelas em que seus filhos estão envolvidos. Você nunca falha com seus filhos ou esposo. Então, que tal estabelecer algum compromisso de super-heroína consigo? A verdade é que a pessoa que pode levá-la ao melhor de sua vida provavelmente não usa uma capa ou máscara. Quem está encarregada de tudo o que você faz, seus atos, pensamentos, suas emoções e a direção em que você vai todos os dias? Claro, é você.

Se você anda tão ocupada com os altos e baixos da vida que não se lembra da última vez que tirou um tempo para si, está muito atrasada. Crie um espaço em sua vida para você. Acenda uma vela de cozinha aromatizada. Coloque uma música suave. Faça uma xícara de sua infusão predileta. Coloque seus pés para cima. Enrole-se em um xale macio, se sentir frio. Desfrute de sua bebida enquanto pensa sobre tantos novos jeitos de cavar tempo para nutrir seu corpo, sua mente e seu espírito.

Ritual 104
Encontre o Amor Verdadeiro

Faça uma lista do que você quer

Talvez não exista maior aspiração do que encontrar sua alma gêmea, alguém que satisfaça em você aquela sensação de que você está em casa no espírito de seu ser. Se você tentou encontrar aquele alguém especial e desistiu, crie coragem. Talvez não esteja pedindo ao Universo do jeito certo. De fato, uma analogia útil pode ser pedir um chá de boba em uma casa de chás efervescentes. Você não diria ao garçom para dar a você o que ele ou ela quer lhe dar. Você será específico: chá-verde japonês com pérolas de tapioca, orvalho da manhã com mel e servido quente.

Dar uma ordem ao Universo para uma alma gêmea significa que você necessita ser preciso. Que traços ou qualidades seu candidato deve ter? Quais atributos físicos? Que tipo de personalidade? Ele deve amar crianças? Animais de estimação? E quanto à responsabilidade fiscal? Qual a importância da maturidade emocional? Torne sua lista específica. Se você está realmente pronto, é isso o que você faz. Faça algumas respirações de limpeza. Declare sua intenção com especificidade. Faça uma afirmação: "Eu estou pronto para dar as boas-vindas à minha cara metade em minha vida". Visualize sua alma gêmea surgindo. Sinta o júbilo. Abra espaço em sua vida, e viva como se seu desejo manifesto fosse um fato consumado. Agradeça muitas vezes o Universo e com sinceridade.

Ritual 105
Crie uma Nova Vida

A imagem o ajuda a obter a intenção certa

Se sua vida não está funcionando para você, mude-a e torne isso visual. Você não tem mais que se sentir encurralado e preso. Comece a trabalhar agora mesmo. Crie uma lousa de visualização para sua vida perfeita. Cole fotos de como você desejaria viver em vez de como está passando seus dias atualmente. Tenha seus sonhos na lousa junto com tipos de trabalho ou uma nova carreira. Se existe uma mudança radical como, por exemplo, viver no estrangeiro, coloque o novo país em sua lousa também. Acrescente citações, palavras de poder e símbolos espirituais. Busque novo sentido para sua vida, uma vez que significado lhe dará uma direção, um foco e um propósito. Convoque o Universo para ajudá-lo a trazer uma mudança positiva.

Limpe o entulho (físico e mental). Liberte-se do arrependimento, culpa e apego a elementos de sua velha vida. Abra espaço para nova energia enquanto as estruturas se desfazem em sua antiga vida para criar um paradigma novo. Defina suas intenções por escrito de modo a ser totalmente específico sobre o que você quer antes de declarar sua intenção em voz alta. Faça afirmações vigorosas e decisivas que você repita muitas vezes durante todo o dia: "Estou feliz de estar com propósito em relação à minha vida. Eu mereço todo o bem que está vindo".

Ritual 106
Intenções para Lidar com a Dor

Use uma abordagem budista

A dor, em especial quando é crônica, pode demandar toda a alegria de sua vida, já que você sofre e busca alívio de uma miríade de fontes. A dor física crônica pode ter um preço emocional, resultando em níveis altos de estresse, uma sensação de desânimo e isolamento crescente. A abordagem budista para a dor é de gentileza e bondade. Você pratica bondade amorosa consigo e determina movimentar-se em direção à dor em vez de tentar atulhar, driblar, reprimir ou suprimir a dor. Use atenção plena para aceitar a energia da dor. Note as sensações no interior da dor. Elas sobem e depois baixam?

Perceba como a dor não é um bloco grande e sólido, mas muitas sensações diferentes subindo e descendo. Também encontre um ponto em seu corpo que não sente dor, como o dedão do pé ou calcanhar que lhe diz que não é você inteiro que está sentindo dor – só uma área onde as sensações estão lancinantes. O monge budista vietnamita e ativista de paz reverenciado Thich Nhat Hanh diz para deixar a dor vir e cuidar dela como uma mãe cuida de seu bebê. Soe um pequeno sino para lembrá-lo de parar, ficar calmo e sentir-se intensamente vivo enquanto você coloca sua mente na respiração. Forme uma intenção: "Eu cuidarei da sensação de dor com a energia da atenção plena". Faça esse ritual diariamente.

Ritual 107
Cultive uma Saúde Perfeita

Explore a aventurina

Faz muitos anos agora que a ciência adotou a ideia de uma abordagem de mente e corpo integrados em relação à saúde. Enquanto a *Ayurveda* sempre usou essa abordagem, a medicina ocidental ficou defasada. Nós aprendemos anos atrás que o corpo humano é um campo que contém informação, inteligência e energia. De fato, o corpo humano tem 50 trilhões de células que, assombrosamente, fazem o trabalho de manter-nos saudáveis. Para a cura começar quando um problema de saúde surge, sua mente precisa apenas colocar sua energia na parte afetada do corpo.

Aventurina, uma pedra verde adorável, pode ser uma pedra de toque ao seu ritual diário para uma boa saúde. Comece sua prática de tranquilidade observando sua respiração por alguns minutos. Leve a aventurina ao seu coração e toque-a. Afirme: "Eu tenho plena consciência da saúde de meu coração". Leve a pedra até sua testa. Toque e afirme: "Eu tenho plena consciência de minha saúde emocional". Passe a pedra em um círculo largo na frente de seu corpo três vezes como se você estivesse criando uma teia de energia saudável e curativa. Coloque a pedra de lado e faça uma declaração de intenção: "Eu pretendo fazer tudo o que puder todos os dias, de todos os modos, para permanecer saudável, feliz e em forma".

Ritual 108
Encontre o Emprego de seus Sonhos

Escolha um objeto simbólico para representar seu desejo

Não existe nada pior do que ter de manipular sua mente para levantar e ir para o trabalho todos os dias em um emprego que você odeia. Se você se encontra nessa situação, não perca nem mais um minuto vivendo sua vida assim. Você pode ficar nessa linha de trabalho, mas é quase uma garantia de esgotamento prematuro e problemas de saúde em seguida. Se você não sabe em que tipo de trabalho você seria bom, considere os tipos de atividade que o tornam feliz quando você as está fazendo. Não seja tímido. Vá para o que fala à sua paixão.

Formule uma intenção clara do tipo de trabalho que você deseja manifestar. Encontre algum objeto tangível como a chave de um carro se você quiser projetar carros ou trabalhar em uma concessionária de automóveis, a casca de um ovo caso você deseje ser um agricultor e criar galinhas, ou uma embalagem de creme dental se quiser trabalhar em um consultório de dentista. Se você tem pretensões mais elevadas, isso é fantástico. Simplesmente encontre um objeto que representa o emprego de seus sonhos. Manhã, meio-dia e noite, segure aquele objeto em suas mãos e recite sua intenção. Sinta sua intenção, acredite nela, visualize-a, afirme-a e dê graças por ela até o trabalho aparecer.

Ritual 109
Defina uma Intenção para sua Prática de Ioga

Inclua algo a mais

Muitos professores de ioga pedem a seus estudantes para definirem intenções no início da aula. A intenção torna-se algo a mais para o estudante trabalhar naquele dia. Você pode usar o mesmo princípio para sua prática privada de ioga. Dedique seu período privado de exercício a uma qualidade tal como força da mente-corpo-espírito e impulsione a si mesmo para aprimorar alguma postura que ainda não seja bem-feita. Talvez seja a Posição da Roda (Urdhva Dhanurasana) ou a Posição da Garça (Bakasana). As posições de ioga são todas voltadas para fortalecer, abrir e curar o que surge. Quando você se sente fraco e vulnerável em uma área de sua vida, ela pode afetar outras áreas. Definir uma intenção pode ajudá-lo a focar de modo que você possa trabalhar no fortalecimento de suas áreas mais frágeis. Esse estabelecimento de uma intenção o prepara para tirar a ioga de seu tapete de prática e levá-la a lugares de sua vida onde você pode sentir-se vulnerável demais para ir.

Misture duas gotas de óleo de néroli, bergamota e rosa e vaporize-o para eliminar a energia negativa de seu espaço. Cante "Om" três vezes. Pratique vários ciclos de respiração consciente. Faça o mudra da oração à altura do coração com as palmas juntas. Declare sua intenção. Por exemplo: "Eu sou um canal para fortalecimento, poder e criatividade".

Ritual 110
Declare a Intenção de Ser um Progenitor Melhor

Fique feliz

Talvez você tenha crescido em uma casa amorosa com dois pais que tiveram habilidades excepcionais de paternidade. Talvez eles raramente, se o fizeram, levantaram a voz ou perderam a paciência, e nunca se transformaram na raiva que tentavam expressar. Se for essa a lente de paternidade criada para sua contemplação, você pode sentir-se grato por seus pais terem realmente lhe abençoado. Você tem um grande exemplo para emular. Outros tiveram uma criação muito diferente. Independentemente de como seus pais o criaram, você ficará diante de seus próprios desafios com os seus filhos. Aulas sobre paternidade podem ajudar. Criar os filhos não é fácil. Velhas mágoas em sua infância podem surgir enquanto seu filho faz drama. Como você lida com suas emoções ditará como seus filhos lidam com as deles.

Beba um copo de água limpa e fresca. Faça uma respiração profunda. Faça um voto mental de ser o melhor progenitor que você é capaz de ser – esse é o primeiro passo. Declare a seguinte intenção: "Eu estou me tornando um progenitor inspirado e feliz". Perceba como sua vibração parece mais leve. Sinta-se grato por isso. Significa que logo você estará mais perto de sua meta e a energia do Universo será um vento em sua vela para ajudá-lo.

Ritual 111
Receba seu Convidado como Deus

Saiba que todas as coisas são possíveis

Na Índia existe uma tradição de que, quando um estranho chega chamando, você assume que aquele convidado possivelmente poderia ser Deus e por isso você lhe oferece o chá de melhor sabor (significando que ele terá mais leite do que o comum) e doces. Você convida seu hóspede para entrar e o deixa à vontade. Essa é uma tradição adorável que faz com que o estranho sinta que faz parte dos membros da casa.

Quando você fez um chamado com uma intenção para obter mais ajuda e aparece uma pessoa atenciosa, você deve se perguntar se a presença dessa pessoa é uma dádiva do Universo ou uma coincidência. Caso sua intenção ainda esteja válida (você não desistiu dela), então seu desejo por ajuda pode ter acabado de chegar. Verifique de novo com sua intenção. Se sua intenção foi confusa demais, ela precisa de algum melhoramento afiado a *laser*. Seu ritual será reafirmar que todas as coisas no Universo são possíveis, e depois, de manhã, ficar diante do espelho e declarar sua intenção refinada e precisa. Se a pessoa cuidadosa e útil (antes, o estranho) é genuína, expresse gratidão para o Universo por atender à sua intenção.

Ritual 112
Funcione com Dieta

Use intenção, atenção e informação

Defina uma intenção de perder, ganhar ou manter seu peso e ficar mais saudável. A intenção não funcionará se seu subconsciente não acreditar em seus pensamentos conscientes. Afirme que você deseja fazer modificações duradouras e inabaláveis em sua dieta para ser saudável. Com sua atenção focada nas mudanças de dieta que você precisa fazer, escolha uma prática alimentar ruim para mudar até sua escolha se tornar um hábito. Não tente mudar tudo de uma vez, é um convite para falhar. Manter um diário o capacitará a reconhecer gatilhos para hábitos alimentares insalubres. Você vai querer se monitorar para esses gatilhos. Não mantenha alimentos na despensa, geladeira ou no armário que o tentarão a voltar para antigos padrões. Escreva várias afirmações e repita-as com frequência.

Outra técnica útil é ver os alimentos pelas lentes do saudável *versus* não saudável. Lembre-se de que você quer fazer mudanças em sua dieta para ser mais saudável. Descubra informações sobre por que certos alimentos são saudáveis e outros não são. Sinta-se feliz quando você faz boas escolhas alimentares. Saiba que pelas escolhas que você está fazendo seu corpo está mudando de dentro para fora. Com uma faca e uma tábua de cortar próximos, recite sua intenção antes de preparar a refeição: "Eu estou fazendo escolhas alimentares sábias para manter-me em forma para a vida".

Ritual 113
Intenção para mais Força de Vontade

Alinhe-se com o Divino

Você começa projetos com a melhor das intenções de segui-los, mas, de vez em quando, é preciso mais força de vontade do que você tem para ver a empreitada até o fim. Em arquitetura, há um estágio em que algo é apresentado para mostrar como parecerá o produto final, mas não é o produto final. É um pequeno modelo de mostruário. Quando você fica satisfeito com a apresentação de um projeto incompleto ou inacabado em vez da versão final, pode ser porque você já conseguiu a recompensa – os cumprimentos – então, você não se sente motivado a ir adiante. Isso é lamentável. A vida não tem a ver com apresentar, mas começar e terminar. Seguir em frente demanda força de vontade.

Com uma vontade vigorosa, você pode superar qualquer adversidade. Você pode ficar firme diante da doença, desafios da vida e até a má sorte. Você pode tornar-se altamente criativo e inovador. O sucesso pode ser seu em qualquer área. Para desenvolver uma vontade dinâmica, fortaleça-a pelo poder da intenção. A cada manhã, fique em pé diante de um espelho. Esfregue as palmas de suas mãos juntas até elas estarem quentes com energia. Coloque a palma da mão sobre seu coração e reafirme sua intenção de ter uma força de vontade mais vigorosa do que no dia anterior: "Hoje unirei minha vontade com a vontade infinita do Universo".

Ritual 114
Entendendo-se Melhor com os Outros
Trabalhe seus sorrisos e *insights*

Um sorriso desarmador é um bom ponto para começar quando lidar com uma pessoa difícil. Se tiver alguém em seu local de trabalho que não tem uma boa palavra para ninguém e parece gostar de importunar você, um sorriso pode ajudar a mudar as coisas à sua volta. Mantenha uma pequena garrafa de óleo de lavanda em sua mesa. Quando alguém disser algo que é ofensivo ou impensado que você não gosta, dê uma cheirada. Seu cérebro não consegue processar raiva e calma (duas emoções diferentes) ao mesmo tempo, então a lavanda pode diminuir a ansiedade e acalmar seus nervos. Ela também é benéfica para as funções cognitivas, já que estimula a atividade mental.

Saia de uma situação em que você se sente cada vez mais tenso e, talvez, a ponto do confronto. Estudar as pessoas para *insights* ajuda-o a entendê-las melhor. Descubra seus interesses e fale a respeito deles. Evite envolver pessoas que têm um falso sentido de superioridade. De fato, elas podem sofrer de um complexo de inferioridade. Pingue óleo de lavanda em seus pulsos e esfregue-os um no outro. Forme o mudra de oração. Respire profundamente várias vezes para acalmar-se e centrar-se. Faça uma intenção: "Eu me entendo com os outros, me alinhando com o poder infinito do amor".

Ritual 115
Controle suas Emoções

Alinhe-se com um poder maior

Mudanças emocionais fazem parte da vida. Existem altos quando você se sente tão cheio de alegria que seu coração mal pode aguentar a emoção. Porém, uma situação ruim pode desencadear uma mudança em outra direção. O desespero pode jogá-lo de joelhos e a dor pode bloquear a luz da esperança, paz, amor e otimismo. Os psicólogos explicam as reações emocionais como uma reação apropriada ou inapropriada a um acontecimento. Caso você deseje criar uma intenção de viver mais no controle de suas emoções, comece compreendendo quais as circunstâncias ou pessoas desencadeiam suas sensações indesejadas. Planeje à frente para lidar com uma situação ou reunião que possa enviar a você sensações em uma espiral de raiva ou preocupação.

Tente mudar sua atenção para longe dos agitadores da raiva para uma atividade em que você possa focar como alternativa. Mude também sua maneira de analisar a situação. Os psicólogos chamam essa técnica de reavaliação cognitiva, que, explicada de modo simples, significa que você reexamina o modo como a situação o faz sentir. Carregue uma ágata rendada azul em seu bolso como uma pedra de toque para a harmonia. Em casa, acenda velas azuis e coloque a pedra perto para desarticular a discórdia e restaurar a calma. Quando você necessita se tranquilizar, segure a pedra e diga a seguinte intenção: "Eu alinho meu coração com o poder infinito para guiar minhas emoções, intelecto e sabedoria".

Ritual 116
Crie um Carma melhor

Dê a bênção do eu

Você pode não ser capaz de criar um mundo melhor para todos nós, mas pode criar um mundo melhor para alguns. No processo, você estará gerando um bom carma. Se você adora crianças, faça algum trabalho voluntário que as beneficie. Se você é um tipo supercriativo, pense em ensinar arte ou teatro para crianças no centro comunitário de sua localidade ou por meio de um programa de parque e recreação. Ou considere ser um pai adotivo. Junte-se a uma organização de Irmã mais Velha ou Irmão mais Velho e seja o mentor de alguém.

Realizar um compromisso com outros ou fazer algo para seu benefício permite que você seja mais deliberado no tipo de carma que você está criando. Sua bondade não ficará sem ser notada. Outros podem ser inspirados por seu exemplo e fazerem o mesmo. Muitas tradições espirituais ensinam que é melhor dar do que receber e que o propósito da vida é prestar serviço aos outros. Quando você se dá abertamente e torna os outros felizes, sua própria felicidade se expandirá exponencialmente. Você criará um bom carma. Seu copo de alegria transbordará. Comece e termine seu dia com a seguinte declaração de intenções: "Eu pretendo dividir minha vida com outros, usando meus dons divinos para seu maior bem, assim como o meu".

Ritual 117
Trabalhe pela Mudança Global

Seja um portador da luz

Você quer viver uma vida com mais propósito e fazer uma diferença positiva no mundo. Seja guiado pelo poder que vem de ouvir sua voz interior da razão e orientação. Dedique um tempo à meditação, busque orientação da alma, e depois use seu poder no caminho que você escolheu. Talvez seu trabalho seja o voluntariado em um navio hospital que leva cura e esperança para os pobres esquecidos do mundo. Talvez você gostasse de trabalhar para acabar com a fome das crianças em uma organização como a Feed the Children. Ou talvez a aspiração de seu coração se alinhe com alimentos emergenciais e cuidados de saúde necessitados pelas crianças do mundo em crise e suas mães, em países em desenvolvimento.

Faça um *pranayama*, conhecido como respiração por narinas alternadas (*Nadi Shadhana*), para acalmar a mente e equilibrar as energias em seu corpo. Sente-se na posição das pernas cruzadas. Coloque o polegar direito contra sua narina direita. Inale pela narina esquerda. Feche a esquerda com seu dedo anelar e libere o direito. Exale com a narina direita. Feche. Use o polegar para fechar a narina direita. Exale pela esquerda. Isso completa um *round*. Faça dois *rounds*. Medite sobre ser um portador de luz para o planeta. Torne sua intenção uma declaração.

Ritual 118
Traga Luz para seu Desejo de Empreender

Acenda uma vela de intenção

Este é o ano em que você lançará seu novo negócio criativo? Tirar aquele nível de mestre para ensinar jardinagem, ioga, arte, massagem aiurvédica ou culinária? Ou, talvez, você esteja pensando em formar um coletivo feminino para produzir roupas de cama finas com monograma. Qualquer que seja seu sonho de empreendimento, não o reprima. Agarre a vida com ambas as mãos e torne aquele sonho uma realidade. Use o poder da intenção para dizer ao Universo que você está pronto para manifestar aquele negócio. Dê-se permissão. Escreva aquele plano de negócios. Encontre fundos. Cerque-se com uma equipe dinâmica e confiante. Junte ideias sobre cada aspecto e cenário possível até chegar ao menor detalhe antes de lançar o negócio.

Compre uma vela de intenções para lançar luz em um projeto cobiçado ou tentativa pessoal. Uma vela verde simboliza abundância e sucesso, enquanto uma amarela significa o processo de lançar um plano. Uma vela vermelha simboliza a coragem e relacionamentos, tão importantes quando você está lançando um novo empreendimento. Escolha a cor de sua vela. Sente-se diante da vela para aterrar suas energias. Escreva sua intenção e coloque-a embaixo da vela. Acenda a vela e declare sua intenção. Faça uma prece de agradecimento.

Ritual 119
Seja uma Força para o Bem em sua Comunidade

Peça para um amigo acompanhá-lo

Você vê um canal de TV comunitária fazer um anúncio pedindo voluntários para servir em um conselho ou outro. Você pensou a respeito, mas não agiu. E, ainda assim, você gosta da ideia de fazer coisas por sua comunidade. Talvez o que o esteja segurando seja o desconhecido na equação. Você não sabe quanto tempo pode ser exigido. Você não conhece os outros que poderão estar servindo, qual é o processo, o que mais está envolvido. Se tiver uma vozinha irritante dentro de você induzindo-o a ligar para o número na tela ou visitar a prefeitura da cidade, por que não encorajar um amigo a se unir a você para irem conhecer juntos?

Considere sua excursão uma desculpa para almoçarem e uma missão de investigação dos fatos. O serviço público não é para todos, mas se ele o chama você não volta atrás. Perfume o espaço ao seu redor com alecrim para energizar sua mente e aguçar a acuidade mental. Pegue um caderno de notas, uma caneta e talvez um gravador junto com seu smartphone para notas, fotos e vídeo. Torne sua intenção conhecida para o Universo: "Eu ofereço meus talentos e habilidades para minha comunidade pelo meu maior bem e o de meus concidadãos".

Ritual 120
Reivindique sua Divindade

Você é um filho do Divino

Ninguém o aprisiona em sua vida. Na verdade, sua pequenez ou expansividade é sua obra. Com tanta facilidade quanto você se isola do mundo mais amplo, você pode abrir os portões, expandir a estrutura que contém sua imagem neste mundo e abranger seu eu infinito em todo o seu esplendor e magnificência. O que custa para você aceitar e reivindicar sua divindade? Você é um filho do Divino. Talvez a verdade seja grandiosa demais para que você a retenha em sua mente. Você sente que só pode lidar com essa informação em pequenos acréscimos de tempo – um momento fugaz aqui, um mais longo acolá. Contudo, com a respiração profunda e consciente, em meditação, você pode abrir seu coração e mente para a verdade – de que você é aquele "Eu Sou".

Acenda uma vela. Sente-se na posição de lótus ou meio lótus. Respire profundamente durante vários ciclos. Prepare sua intenção: "Eu sou uma gota de água no oceano do Espírito". Ouça Deva Premal, uma musicista que, talvez, seja melhor conhecida por seus mantras budistas e, em sânscrito, cante o "Moola Mantra". Deixe a vibração agradável da música e letra transportá-lo para o estado exaltado de amor infinito e felicidade ilimitada.

Sequências

Intenções para a Saúde

- Expresse seu desejo com emoção e linguagem precisa.
- Aja diante da oportunidade quando ela surgir.
- Crie espaço para você em sua vida.

Intenções para Manifestar seus Desejos

- Encontre o amor verdadeiro.
- Lide com a dor.
- Fique mais saudável.
- Encontre o emprego de seus sonhos.

Intenções para agir em meio a dificuldades

- Fortaleça suas áreas mais frágeis.
- Seja um melhor progenitor.
- Enfrente sua dieta.

Intenções para Força e Resiliência

- Desenvolva mais força de vontade.
- Lide melhor com pessoas difíceis.
- Domine os gatilhos emocionais.

Intenções com Possibilidades para Longo Prazo

- Crie um bom carma e uma vida de compartilhamento com outros.
- Torne-se uma força para a mudança global.
- Promova o bem maior em sua comunidade.

Capítulo 8

Rituais para Maior Conexão com a Terra

Aterramento significa encontrar seu centro quando qualquer tipo de tumulto emocional exige seu senso de força, firmeza e equilíbrio. Quando você está em um conflito emocional, o conflito pode passar a sensação de que você está perdendo sua sanidade. Você pode estar relembrando uma situação perturbadora que ocorreu no passado. Por outro lado, você pode estar sentado em um banco de parque perfeitamente imerso em paz quando alguém passa e grita um comentário impróprio que desencadeia reações emocionais em quem está próximo. De repente, o caos segue a vingança, e você se vê reagindo com sensações de agitação, pânico, confusão e caos. Embora demore um pouco para as químicas do "fuja ou lute" que encharcaram seu cérebro diminuírem e uma calma centrada voltar, existem coisas que você pode fazer para trazer o equilíbrio de volta.

Entre distanciar-se de uma situação desafiadora a ficar diante de conflitos internos não resolvidos em contemplação silenciosa, existem muitas coisas que você pode fazer para tornar-se mais forte, firme e equilibrado emocionalmente de novo. Caso você pratique respiração profunda, visualização criativa, ou asanas de ioga para extrair as energias da terra, existe uma variedade de rituais de aterramento que você pode fazer para restabelecer sua firmeza e equilíbrio emocional.

Ritual 121
Torne-se a Raiz da Árvore

Desenvolva habilidades de equilíbrio com a postura da árvore

Equilíbrio, coordenação, foco e concentração são atributos importantes para se adquirir e manter com a idade. Todos os quatro são estimulados na posição inicial da ioga conhecida como a Posição da Árvore (Vrikasana). Fique com os olhos abertos para ajudá-lo na manutenção do equilíbrio. Pratique essa posição perto da bancada da cozinha caso você precise buscar apoio. Quando você melhorar, faça essa posição ao ar livre perto de outras árvores. Use sua imaginação para se sentir como se tivesse se tornado uma árvore, as raízes profundas na terra, cabeça e mãos alongando-se em direção ao céu.

Fique em pé com os pés na horizontal e paralelos, os dedões apontando para a frente, os lados se tocando.

Jogue seu peso para o pé esquerdo.

Dobre o joelho direito. Segure sua perna direita no joelho ou tornozelo com sua mão direita e erga e pressione a sola do pé contra sua panturrilha esquerda. Com prática, você terá como meta a posição mais alta na virilha esquerda perto da pélvis. Fique com seu joelho dobrado apontando para a direita, não para a frente.

Respire e encontre seu equilíbrio.

Inale e, devagar, traga suas palmas e dedos tocando-se diante de seu centro do coração ou acima de sua cabeça no mudra da oração.

Repita o processo com a outra perna.

Ritual 122
Toque sua Raiz

Foque sua consciência lá

De vez em quando, quando você se sente um tanto aéreo e fora do centro, a causa pode ser interna, como níveis de hormônios ou remédios. Contudo, você também pode sentir-se aéreo em um ambiente não familiar onde as energias não estão em sintonia com a sua. Se você é um empático, as energias das outras pessoas podem ser sentidas como estranhas e desequilibradas. Se você está em uma situação em que você está fora de seu elemento ou sentindo-se muito fora de sua zona de conforto, pode sentir que precisa fazer algo para se estabilizar. Ouça sua orientação interior para o que é necessário. Beba um copo de água fresca e pura. Sente-se e fique atento para o desequilíbrio e as energias que você sente. Considere se elas são suas ou de outra pessoa.

Visualização pode produzir maravilhas quando você não consegue livrar-se do desequilíbrio que sente. Encontre um lugar para sentar-se onde você possa fechar os olhos e estar seguro. Coloque uma peça de joia de quartzo fumê ou segure a pedra em sua mão. Visualize uma raiz crescendo a partir de sua coluna vertebral para estender-se profundamente dentro da Mãe Terra e pela qual você pode extrair energias de aterramento. Deixe-as restaurarem sua paz e acalmarem seus pensamentos se eles estão agitados ou quando você sente raiva, mágoa, inseguranças ou outras energias emocionais negativas.

Ritual 123
Faça um Retiro para a Prática de *Mouna*

Deixe a ioga do silêncio preenchê-lo

Mouna é silêncio. Quando você para de falar para observar o silêncio, a energia de suas vocalizações deve encontrar outra expressão. Você pode usar essa energia para realizar um trabalho espiritual profundo. Em meditação, o silêncio o preenche. Muitas pessoas podem ouvir com mais intensidade o *Omkara*, o som primordial do Universo vibrando como "Om". Se você não foi capaz de ouvi-lo, tente tapar os ouvidos com os dedos. Feche seus olhos. Ouça atentamente e profundamente. Deixe o silêncio preenchê-lo. Abandone-se ao som interior.

Na Índia, há um tipo de ioga chamada *shabd yoga* ou "a ioga do som ou música sagrada". Ela enfatiza ouvir ao som interior como sendo um rio. No início, o fluxo é silencioso. Ele se torna mais forte quanto mais você ouve. Esse rio pode transportar sua consciência para níveis ainda mais elevados até você afundar no êxtase desse som. Combine o som com a luz interior e você tem a *yoga surat shabd* (ioga do som e da luz), uma tradição *sikh*. Por um único dia, pratique o ioga do silêncio. Passe o dia sem entoar um único som. Ouça os sons do mundo interior. Use uma prancheta caso se sinta compelido a escrever mensagens sem falar. Sinta quão aterrado e centrado você se torna.

Ritual 124
Ancore-se

Sinta-se interiormente ancorado

Vez por outra, parece que você não consegue parar. Você atrasa um projeto. Depois seu marido traz gripe para casa. Você pega a gripe e desenvolve uma bronquite severa. Se você pensou que iria colocar aquele projeto de novo nos trilhos, pensa outra vez. Você precisa arrumar as coisas de seus filhos para a viagem da escola de amanhã, mas primeiro a roupa suja deve ser lavada. E, de repente, por causa da tempestade lá fora, a energia elétrica acaba. Usar a máquina de lavar e secadora está fora de questão. Como você se recupera de um assalto constante à sua paz e bem-estar? Você encontra um jeito de aterrar e centrar-se. Você começa trabalhando de dentro para fora.

Tire os sapatos e sente-se em um lugar de onde você pode extrair as energias da terra através de seus pés descalços quando eles tocam o gramado. Ou se aninhe diante da lareira e deixe a luz do fogo dançar em seu rosto enquanto você entoa o "Om".

- Acenda uma vela cerimonial.
- Queime incenso.
- Sente-se em uma posição confortável e preste atenção em seus ciclos de respiração profunda.
- Feche seus olhos e erga seu olhar interior para o ponto entre as sobrancelhas.
- Entoe mentalmente "Om" na inalação, uma contagem numérica ao exalar.
- Sinta seus ísquios se ajustarem. Mergulhe profundamente dentro de si para o aterramento e a paz.

Ritual 125
Afine seu Chacra *Muladhara*

Traga de volta o equilíbrio e a harmonia

O chacra *Muladhara* também é conhecido como chacra raiz. Ele está localizado na base da coluna vertebral. Ele pode ficar bloqueado por baixa autoestima não resolvida ou tensão crônica. Quando você se sente em desequilíbrio e precisa de aterramento, restaure o equilíbrio desse centro de energia. Ele o ajuda a sentir-se ancorado com a terra e também a salvo, seguro e tranquilo. Você irá querer abrir e esticar seus músculos dos pés e das pernas. Depois se movimente para uma Inclinação para a Frente em Pé (Uttanasana). Depois, movimente-se para a postura da Cabeça em direção ao Joelho (Janu Sirshasana).

Coloque um pouco de cor vermelha (a cor mais associada ao chacra raiz) em seu ambiente. Unte um tecido com óleo de menta piperita e aspire. Faça um agachamento de ioga: fique em pé com as pernas separadas na medida do ombro e os dedos dos pés apontando levemente para dentro. Agache até suas nádegas quase tocarem o chão e os joelhos ficarem muito dobrados, mas sua coluna vertebral se mantendo reta. Coloque seus cotovelos na parte interna das coxas e forme o mudra de oração com suas mãos à altura do coração. Feche os olhos. Respire no agachamento. Sinta seu chacra Muladhara abrir. Mantenha essa posição por vários ciclos de respiração e depois sente-se na posição de lótus ou meio lótus e medite sobre as energias de aterramento.

Ritual 126
Arranje Tempo para Dormir Mais

Mude os padrões de sono para uma vida melhor

Os cientistas dizem que existem muitas razões para não dormirmos o suficiente – *jet lag*, comer e beber tarde demais, consumo de álcool e café, estresse, luzes de aparelhos eletrônicos piscando no quarto, distúrbios de sono, turnos de trabalho variáveis e dependência de adjuvantes para o sono, dentre elas. O corpo requer bom sono o suficiente para se reparar. Menos que as recomendadas de sete a nove horas e as consequências começam a aparecer – obesidade, doenças no coração, problemas de memória, depressão e diabete. Certo tipo de células brancas do sangue, conhecidas como células T, não trabalham tão bem no combate às infecções quando você está privado de sono.

O sono repara os nervos exaustos e ajuda-o a sentir-se conectado, de novo, à sua essência. Quando você tem sono o suficiente, acorda refeito e energizado. Você tem uma acuidade mental mais aguçada e a criatividade aumentada. Comece uma nova rotina para sentir-se aterrado antes de dormir.

• Escureça o quarto e providencie para que esteja fresco e silencioso.
• Não guarde aparelhos eletrônicos no quarto.
• Crie uma rotina de abrandamento (tal como um asana de ioga que acalme em vez de agitar).
• Mantenha um horário regular.
• Respire profundamente por vários ciclos quando deitar na cama.
• Diga uma afirmação do tipo: "Eu dou boas-vindas a um sono profundo e repousante".

Ritual 127
Use os Cristais Antigos

Acesse o poder de aterramento das pedras

Cristais de ônix azeviche, hematita e obsidiana têm em comum mais que suas cores negras. Essas pedras mineradas da barriga da terra têm um poder incrível de aterrá-lo quando você necessita de estabilidade. Ônix, em especial, é o preferido pelos que gostam de usar cristais em suas práticas de cura como um agente para fortalecer contra distúrbios emocionais. Quando você sabe que terá de participar de um acontecimento que irá apertar seus botões emocionais, pegue uma ou mais dessas pedras e as coloque em seu bolso. É importante elas estarem perto de seu corpo e que você possa sentir seu peso, superfícies e energias.

Com qualquer dessas pedras em seu bolso, você adquire uma sensação de estar aterrado, algo tão importante durante um encontro estressante com advogados ou chefes, ou em um funeral de um parente querido ou um jovem colega, ou em um tribunal onde você sabe que será dramático. Escolha sua pedra para a ocasião e a carregue junto a si em um lugar ao qual você tenha livre acesso (por exemplo, um bolso). Segure-a em sua mão. Sinta seu poder de aterramento. A obsidiana é especialmente boa para clareza. A hematita restaura seu sentido de estabilidade e aterramento. O ônix traz calma para as perturbações mentais. A cada manhã, segure a pedra em sua palma ou role-a por sua mão por todo o dia em épocas de estresse. Recite seu mantra favorito até sentir-se ancorado e em paz.

Ritual 128
Crie um Ritual de Ioga Personalizado

Use-o para centrar-se e aterrar-se

Se você já faz ioga há algum tempo, provavelmente já descobriu asanas e sequências favoritos. Para as épocas em que você está se sentindo em baixa ou mentalmente agitado, ou sofreu uma perda pessoal profunda, pegue seu tapete de ioga e comece a trabalhar. Defina um propósito de deixar algo ir embora, ou trazer alguma coisa como uma cura, calma e tranquilidade. Comece o primeiro asana com respiração que seja intencionalmente longa, e devagar na inalação e com o dobro de duração na exalação.

Tente a Posição da Vaca – fique de quatro, os joelhos diretamente embaixo dos quadris, cotovelos e ombros perpendiculares ao chão. Inale e leve seu traseiro e peito para cima. Permita à sua barriga cair para baixo. Erga sua cabeça e a mantenha reta. Ao exalar, mude dessa posição para a Posição do Gato. Exale. Arqueie sua coluna vertebral e deixe a cabeça cair em direção ao solo. Inale e volte para o centro. Em seguida mude para a Posição do Cachorrinho Estendida – ainda de joelhos, mas agora você passa seus braços para a frente ao longo do chão, pulsos em linha com os ombros, quadris acima dos joelhos. Estique os braços para fora, as palmas para baixo. Faça essa sequência ou uma que você desenvolva sempre que precisar se sentir aterrado.

Ritual 129
Explore o Tônico da Vida Selvagem de Thoreau

Encontre seu aterramento e paz

Henry David Thoreau acreditava que a cura para todos os males que afligem o mundo e as pessoas podiam ser encontradas na Natureza. Para Thoreau, incursões nas matas do Maine, conhecidas como uma área selvagem e acidentada pelos índios penobscot por milhares de anos antes dele, fornecia um tipo de tranquilidade que podia centrar e aterrar como nada. Você não precisa pegar um *bateau* (um tipo de barco que Thoreau usou) ou mesmo uma tenda e mochila se não planeja ficar no lugar selvagem de sua escolha. O importante é encontrar um lugar na Natureza onde você se sinta centrado e conectado com as energias da terra.

A Natureza o aterrará quando você deixar para trás o mundo em ritmo acelerado por um tempo. No campo, nas montanhas ou no deserto, o tempo parece desacelerar para um ritmo mais natural. Sente-se e fique muito atento a tudo o que você sente e assimila. Beba água. Enrole as pernas de sua calça; tire seus sapatos e suas meias. Passe a parte de baixo de seus pés sobre pedras lisas ou relaxe em cursos de água gelados e espumantes. Deixe as correntes sutis da terra o encherem com o tônico da vida selvagem. Sinta-se aterrado. Agradeça.

Ritual 130
Passe Momentos de Qualidade em uma Rede

Descanse e se rebobine

De vez em quando, livrar-se de uma agenda frenética pode despertar novos pensamentos criativos e nova energia para seu espírito empreender. Nas ilhas pelo mundo afora, redes são instrumentos de paz e tranquilidade. Amarradas em árvores ou em postes ancorados em concreto, essas camas de corda duráveis balançam na brisa tropical à sombra das copas de árvores. Cada vez mais, as pessoas estão dependurando redes em suas casas em ganchos e chumbadas nas paredes de uma sala de estar, um canto pessoal ou uma área sobressalente no porão. Redes podem ser usadas como cama, com um bônus extra de que não precisam ser arrumadas. Elas não criam pontos de pressão em seu corpo. Você cai no sono com o movimento de balanço que encontra ressonância com a mãe balançando o bebê. Em uma rede, você pode se sentir aterrado mesmo enquanto cochila ou mergulha em um sono profundo.

Rasteje para sua rede depois do almoço, depois de ter colocado uma manta nela. Coloque um pequeno travesseiro de viagem embaixo de sua cabeça. Sinta-se embalado como se estivesse em um ventre. Deixe o balanço acalmar seus sentidos até a quietude. Coloque sua atenção plena lá: "Inalando, atraio a paz. Exalando, deixo as energias negativas saírem".

Ritual 131
Aceite o que Você Não Pode Mudar

Foque no que você pode

Distúrbios emocionais podem surgir em qualquer ponto de sua vida, como resultado de um trauma emocional passado, mudanças bruscas, doença que ameace a saúde, a morte de um ser querido, uma mudança importante, um estresse pós-traumático. Você sente-se em uma montanha-russa de emoções negativas e não consegue sair. Se o trauma se relaciona a uma vivência passada, você pode querer procurar ajuda profissional, porque investigar a velha mágoa provavelmente irá chamar as emoções reprimidas que podem sentir-se dominadas. Algumas das emoções e reações que podem vir à tona durante um transtorno emocional incluem raiva, ansiedade, choros, vertigem, diarreia, hiperventilação e aperto no estômago.

Quando o sofrimento psicológico se instala como resultado de alguma mudança de vida importante, tente aceitar o que você não pode mudar. Exercícios podem ajudar a controlar a enchente de químicos liberados pelo cérebro e diminuir a velocidade das ondas cerebrais. Relaxamento e meditação podem ser forças de aterramento poderosas. Quando você está calmo, pode determinar o gatilho a evitar. Use sua *japamala* com contas de sândalo em volta do pescoço como uma força ancoradora. Até passar a tempestade, a cada hora toque as contas e afirme: "Eu sou um filho do Universo, intocado pelos tumultos deste mundo. Hoje descanso na paz da luz curativa de minha alma".

Ritual 132
Procure Alicerces Espirituais

Libere as energias indesejáveis

Se você é um curador fazendo trabalho corporal ou apenas um familiar atencioso que ocasionalmente faz uma massagem em sua esposa ou em seus filhos, você pode captar as energias deles involuntariamente. Você pode ter sintomas tais como sensação de distração, tontura, tremores e ter a sensação de flutuar ou sentir-se confuso e desconectado. O aterramento espiritual ou ligação à terra pode ajudar a restaurar seu sentido de conexão com a terra.

• Faça um banho salgado com água morna com uma xícara de sal marinho para você limpar-se, refrescar-se e aterrar-se.

• Ande em um gramado descalço, liberando as energias indesejáveis.

• Saboreie um pedaço de chocolate amargo que contém altas dosagens de antioxidantes, rico em minerais que combatem o estresse e fibras solúveis, e contém anandamida, um lipídio que ativa o sentido de prazer de seu cérebro.

• Inclua raízes vegetais em sua dieta também. Com altas doses de vitaminas e minerais, as raízes crescem debaixo da terra e simbolizam sua conexão profunda natural com a terra.

Depois de trabalhar com seu paciente ou membro da família, lave as mãos com sabão e água. Faça um arco com suas mãos sobre a cabeça colocando os lados das palmas se tocando para fazer uma cobertura, e traga-os para baixo rápido para enxotar as energias não vistas. Faça isso duas ou três vezes. Saia para um passeio no ar fresco e respire profundamente por vários ciclos para aterrar, renovar-se e revitalizar-se.

Ritual 133
Visite a Praia

Observe as ondas

Sentar na praia e observar as ondas não é só fascinante. Essa observação pode evocar aquela conexão profunda e eterna com ritmos ancestrais que podem fazer você sentir-se a salvo e seguro. As ondas deslizam silenciosamente para a praia, se dobram ou batem apenas para recuar de novo, em uma dança interminável que acontece há milhões de anos. Arranjar uma posição na areia em uma duna ou mirante rochoso onde você possa ter uma vista contínua de um oceano pode facilitar um sentido de transformação e cura. Estar na água ou ao seu redor descansa seu cérebro do excesso de estímulo. Você experimenta um fascínio suave – alerta e, ainda assim, consciente, pacífico e calmo – um estado chamado de estado de mente azul.

Para inspirar sensações de reverência por você estar conectado com algo muito maior do que si mesmo, tome um banho com os olhos fechados e deixe o som da água induzir um estado de mente azul. Fique em pé embaixo da torrente de água e crie o conceito da vastidão de um oceano. Visualize o azul aquamarino. Devaneie. Sinta uma ligação primordial com algo tão vasto e poderoso como o oceano. Deixe essa sensação ancorá-lo.

Ritual 134
Escolha Minimizar suas Perdas

Ouça a voz interior

De vez em quando, em que as coisas não estão acontecendo como você esperava, é melhor minimizar suas perdas e seguir em frente do que lidar com o estresse, dreno financeiro, ser arrastado emocionalmente e perder tempo. Talvez seu problema seja um relacionamento que você está tentando salvar por tempo demais, um negócio com um sócio do contra que não está em sintonia com você e não compartilha sua visão da direção da empresa, ou a reforma de uma casa que devia ter sido uma mudança pequena, mas se tornou um dreno de dinheiro. Qualquer que seja, você parece estar ouvindo aquela voz intuitiva, suave mas predominante, lhe dizendo para minimizar suas perdas e seguir em frente – que o preço que você pagará no final não compensa. Por que você quer ficar envolvido em uma batalha perdida?

Se você está em uma situação em que se sente esmagado por uma gama de opções para resolver o problema que está enfrentando e que se estreita cada vez mais, pegue uma pedra de aterramento como obsidiana. Coloque-a em seu bolso e a toque enquanto caminha na Natureza. Deixe seus pensamentos examinarem o que poderia acontecer se você simplesmente diminuísse suas perdas. Marque a experiência como lição aprendida. Considere o que você ganha libertando-se e seguindo em frente. É surpreendente como dá base.

Ritual 135
Fique Ancorado Instantaneamente

Use a prática da atenção plena onde você estiver

Em certas ocasiões, a vida pode produzir a sensação de uma esteira ergométrica. Apesar de querer saltar fora ou diminuir o ritmo, você toma outro café ou bebida energética e continua se forçando. Trabalhar é importante. Levar e buscar os filhos na escola tem de ser administrado. Comprar comida, preparar refeições, e fazer a limpeza exigem algum tempo. Há a roupa para lavar e o trabalho doméstico. Seu esposo ou parceira pode ajudar... ou não. De algum modo, você precisa encontrar tempo para se exercitar e aproveitar seu trabalho espiritual, mas esprimê-lo em um dia já cheio parece um exercício fútil. Você se sente tão maluco quanto um frango que só quer fugir. O que você pode fazer para sentir-se aterrado, centrado e focado no aqui e agora?

Esteja atenta quando ri de uma piada. Perceba todas as sensações que você tem. O riso puxa para o momento. Coma algo saudável como um rolinho primavera. Mastigue-o devagar, notando como a textura e características mudam à medida que você mastiga. Preste atenção no sabor. Considere o valor nutritivo. Tente atenção plena de seu senso de lugar. Traga todos os seus sentidos para esse momento, para informar-lhe da paisagem em que você está ancorada. Quando cansada da esteira ergométrica, saia por um momento ao ar livre. Sente-se. Esfregue suas palmas uma na outra. Coloque-as sobre seu coração. Entre em atenção plena. Fique calma e ancorada no presente.

Ritual 136
Sente-se em seu Tapete Mágico

Encontre o aterramento no chão

Se você está sentindo que vai entrar em curto-circuito emocional, está na hora de aterrar. Você pode sentir-se melhor, instantaneamente, jogando um tapete ou cobertor pequeno no chão e sentando-se. Pense nas coisas que você pode fazer no tapete – ler um livro, fazer um piquenique, colorir uma mandala, fazer uma leitura de tarô, jogar xadrez, escovar seu cachorro, costurar à mão ou tricotar, enfiar algumas contas em uma linha, ou fazer um apanhador de sonhos ou um bracelete de amizade. Você pode convidar as crianças, esposo ou um amigo para ficar com você no cobertor. O ponto é sentir a terra sustentando-o e enviando energias benéficas para você. Você pode sentir-se passando a terra por seus dedos. Esse também é um jeito de tirar de seu corpo as energias de excitação, excesso de pensamento, e sensações.

Note a qualidade de sua respiração – irregular, uma droga, longa, curta, suave ou fácil. Em seguida fique sobre seus ísquios e visualize raízes se espalhando a partir de você para fora e para baixo, ancorando-o. Incline-se para a frente a fim de acalmar o sistema nervoso parassimpático. Sinta-se centrado, acalmado, aterrado.

Ritual 137
Bloqueie os Sentidos

Explore sua vasta interioridade

Na ioga antiga, existe uma técnica para fechar os ouvidos, olhos e nariz para bloquear toda a estimulação sensorial para que você possa levar sua consciência mais profundamente para dentro. Acontece uma tremenda sensação de poder e conexão quando você deixa para trás o mundo da matéria e volta-se para dentro para concentrar-se na esfera espiritual em constante expansão. Com toda a estática deixada para trás, você contempla um vasto mundo interior. Nesse espaço, você encontra o caminho para casa, para a essência de seu ser. Você experimenta a luz interior, amor e felicidade espiritual. Em meditação, você encontra novos limiares misteriosos a cruzar, onde você ganha novo *insight*, significado e sabedoria.

Comece cada dia renovado com a meta de explorar sua paisagem interior. Encontre uma posição confortável sobre seus ísquios. Coloque uma máscara para cobrir os olhos. Coloque tampões nos ouvidos ou mantenha suas orelhas fechadas com os dedos. Respire pela boca – não pelo nariz, já que você quer bloquear o sentido olfativo. Volte sua atenção para dentro. Afirme mentalmente: "Estou entrando no templo do silêncio, onde estou centrado, sustentado e nutrido pelo infinito".

Ritual 138
Compartilhe Alimento

Coloque de novo o significado nas refeições

Nos tempos antigos, quando as famílias se reuniam para compartilhar uma refeição ou partir o pão entre amigos, o acontecimento era infundido com significado, muitas vezes iniciado com uma oração e depois um gracejo de boas-vindas. Hoje, todos comem depressa. Os membros da família não conversam muito ou riem juntos; na verdade, em algumas casas as pessoas desabafam sobre seu dia no jantar... é isso, se é que elas se sentam juntas. É lanche e corrida, corrida.

Se você quer recapturar o significado das refeições, considere discutir com sua família um ritual que inclua pontualidade. Para sentir-se aterrado no aqui e agora durante as refeições, faça um ritual como o abaixo:

- Monte a refeição em uma toalha de mesa limpa ou coloque esteiras.
- Diga uma prece de gratidão pelo alimento e os que o prepararam.
- Crie uma regra de deixar smartphones e outros aparelhos em outro aposento.
- Peça a todos que usem modos, fala e comportamento apropriados.
- Compartilhe saber e também desfrute a companhia dos que estão à sua volta.

Ritual 139
Passe Bons Momentos com a Srta. Gatinha

Deixe seu gato ajudá-lo a encontrar seu centro

Quando você chega em casa no fim do dia, o miado de seu gato faz mais do que dar as boas-vindas a você. Ele impacta seu bem-estar físico. Independentemente do que viveu no trabalho que possa ter exaurido seus nervos ou dado um nocaute em seu equilíbrio, voltar para casa para sua bolinha de pelos pode ajudá-lo a sentir-se aterrado de novo. Em questão de minutos, seu humor recebe uma carga e a calma se instala quando seu nível de cortisol (o hormônio do estresse) baixa e a serotonina (o hormônio para sentir-se bem) aumenta. Se essa não é razão suficiente para querer ter um gato, considere que um estudo de vinte anos mostrou que as pessoas que não têm um gato têm 40% a mais de probabilidade de morrer de ataque cardíaco do que as pessoas que possuem um gato. Ter um gato também beneficia os que sofrem de depressão.

Torne um ritual passar um tempo todos os dias com seu gato, dando e recebendo amor incondicional. Note como você se sente quando você está centrado e aterrado enquanto cuida de seu gato. Em tempos de estresse ou outras emoções negativas, lembre-se dessas sensações positivas que você experimenta quando conversa com seu gato enquanto escova, alimenta ou trata dele. Imagine sentir-se assim cada vez que acontecimentos externos desencadeiam estresse ou outras emoções negativas em você.

Ritual 140
Encontre Espaço em seu Coração

Entre no fluxo

Cada vez que você para e observa o fluxo de sua respiração, você abandona momentaneamente o ego-mente e volta para o aqui e agora. Isso também é conhecido como a presença "Eu sou". Durante esses momentos de consciência elevada, você pode vivenciar uma liberdade sem limites de todos os seus problemas e, em troca, acolher a possibilidade infinita. Você entra em uma vibração mais elevada. Passe um tempo nesse momento de atenção plena e você entra em um fluxo. Sentir uma sensação de gratidão por tudo o que você já tem o levará a intensificar a energia magnetizadora de seu espaço do coração, extraindo para você mais do que é bom e benéfico para sua vida.

Conecte-se com um momento de aqui e agora com ioga e meditação. Sente-se em seu asana favorito. Cruze as mãos sobre o coração. Sinta o fluxo de sua respiração. Drene a energia de seu cóccix para a terra. Extraia energia para dentro de sua coroa. Considere o que o corpo precisa para sentir-se equilibrado, aterrado e centrado. Ouça profundamente sua voz de intuição. Use o poder da visualização para sentir a interconexão de todas as coisas. Fique ancorado no fluxo interminável desse momento. Sinta-se grato.

Sequências

Raízes para Aterrar

- Torne-se como uma árvore em equilíbrio e equanimidade.
- Visualize a raiz de seu ser conectando com as energias da terra.
- Enraíze-se na prática do silêncio.

Aterramento Através dos Chacras, Sono e Pedras

- Estabilize as energias de seu chacra raiz.
- Durma mais.
- Trabalhe com cristais de aterramento.

Atividades de Aterramento

- Conecte seus pés com a terra.
- Balance ritmicamente em uma rede.
- Entre em comunhão com o oceano ancestral ou fontes de água.

Aterramento com Desapego

- Minimize suas perdas.
- Largue a âncora onde você está.
- Bloqueie o estímulo sensorial.

Aterramento pelo Alimento e Energias do Coração

- Compartilhe uma refeição saudável.
- Ame seu animal de estimação.
- Encontre aterramento com seu coração.

Capítulo 9

Rituais para se Renovar

Nós somos responsáveis pela construção de nossa vida. Quando nossos dias fazem com que nos sintamos como se estivéssemos em uma rotina sem sentido e vazia e a vida não é a aventura excitante que foi um dia, o ritual exato pode colocá-lo em um estado mental diferente, abrir sua visão do mundo e lançá-lo para outras experiências. Renovação é algo que qualquer um pode trazer a qualquer momento. Você pode pegar um livro de autoajuda que tem uma mensagem para você que ressoa com seu desejo de renovação. Ou, enquanto ouve um *podcast*, você aproveita uma fala de um convidado que formata um velho conceito de um jeito novo. Ou, em um fim de semana de retiro com o grupo de sua igreja, você se reconecta com velhos amigos e percebe que os valores em que você acreditava se perderam no caminho.

Nunca sinta que você não pode se libertar. Às vezes basta limpar as energias velhas a fim de abrir espaço para que aconteça uma nova circulação. Talvez seja tempo de colocar o sentido de volta em sua vida com alguns rituais de renovação. Ou considerar se reunir a uma missão visionária para dar nascimento a uma nova visão para sua vida. Por outro lado, você pode tirar um descanso longo – como em férias – e repensar os paradigmas de sua vida. Custe o que custar, escolha mudar. Saia de sua zona de conforto. Cresça e evolua.

Ritual 141
Assuma sua Natureza Selvagem

Convide sua criança interior para brincar

Às vezes você só tem de soltar os cabelos e divertir-se um pouco se você está preso em uma rotina e não consegue imaginar como sair. Todos nós fomos crianças um dia. Em algum lugar em suas profundezas está a criança interior de quem você esqueceu-se há muito tempo. Convide-a para brincar. Faça o que costumava deixá-lo feliz. Era pintura, ficar batendo uma bola de futebol ou dançar em frente à porta de correr de vidro, onde você podia ver sua imagem? Talvez você fosse o tipo de criança que adorava manipular massinha, brincar de amarelinha, pular corda, tocar um instrumento musical ou desenhar durante horas embaixo de uma árvore. Ou talvez você fosse o tipo que gostasse de subir nas árvores. Encontre essa criança de novo.

Tem medo de que alguém o veja? Esqueça. Encontre um velho bambolê. Coloque-o em volta de sua cintura e comece a fazer círculos. Alongue seus braços. Girando e rodando. Feche os olhos. Dê uma espiada de vez em quando para evitar bater com um arbusto ou árvore. Aproveite o movimento. Sinta-se jovem. Sinta-se renovado. É emocionante.

Ritual 142
Faça uma Escolha Profunda

Saia em uma nova direção

Seja na escolha de um parceiro de vida, aceitar um emprego do outro lado do mundo ou embarcar em uma nova carreira, essa época de escolhas profundas necessariamente envolverão reflexão, gestação e cogitação. Quando chega a ocasião momentosa na vida em que você está diante de uma escolha que alterará sua existência, como a sensação produzida por esse momento é importante e poderosa. Pesar todos os prós e os contras é uma parte da curva de aprendizado. Na medida em que você obtém ideias e *insights*, pode também identificar preocupações ou detalhes que precisam de atenção posterior. Sua escolha, em parte, significa reinventar-se. Será um novo você interagindo com o mundo de um novo jeito. Você pode sentir-se mais entusiasmado do que nunca. Aproveite o passeio.

Pegue papel e caneta. Escreva a escolha diante de você e faça um círculo em volta dela. Convoque a sabedoria de seu Eu Superior usando a voz da intuição para guiá-lo enquanto você desenha setas saindo do círculo em um exercício de mapa mental para trazer clareza. Deixe sua animação infundir o processo enquanto você cria balões e escreve os aspectos positivos neles, e utilize caixas para escrever os lados negativos. Dê um passo para trás e olhe a imagem clara que está surgindo. Sinta gratidão.

Ritual 143
Procure Fazer a Reforma Fundamental

Comece com pequenos ajustes

Você está pronto para dissolver uma sociedade que não funciona há algum tempo. A decisão é importante. Ela mudará radicalmente sua renda, já que você planeja comprar o investimento de sua sócia na empresa e reestruturar quando ela for embora. Vocês sabem, há algum tempo, que fariam tudo isso, você só colocou o assunto de lado até sentir que o tempo era oportuno. Então, você chegou ao estado "é agora ou nunca". É um passo grande e assustador, mas rastrear alguns ajustes de incremento remove o medo e as pressões internas. Coloque seu chapéu criativo na cabeça e mande embora a velha névoa do cérebro. Bombeie sua energia e arregace as mangas. Escreva tudo em um papel. Veja a mudança como dois processos. Um é finalizar o relacionamento de dois. O outro é a reestruturação. Resolva a finalização primeiro com algum trabalho de respiração e uma visualização poderosa.

Acenda uma vareta de incenso de lavanda para clareza. Inspire e expire cinco vezes, tornando a inalação a metade da duração da exalação. Feche seus olhos. Sinta a energia mental aumentada. Visualize-se assinando o acordo de dissolução e cumprimentando sua sócia. Esteja consciente, percebendo qual nova informação surge em torno da sensação de renovação.

Ritual 144
Pare de Arar Terreno Velho

Abandone o passado

Um jeito infalível de ficar preso é ficar arando o mesmo sulco ou cavando o mesmo buraco fundo. O maior problema que as pessoas têm com ficar encalhado e encontrar dificuldade em sair é que elas ficam retidas em algo do passado, em momentos que já foram vividos. Talvez elas tenham tido uma vivência traumática, como o choque de um sucesso prematuro que acabou em falha graças a um divórcio sórdido ou às trapaças de um sócio desonesto. As falhas do passado não devem ditar os resultados dos negócios no futuro. Os homens de negócios melhores e mais bem-sucedidos muitas vezes apontam falhas do passado com as quais eles aprenderam gradualmente e aplicaram o que aprenderam para assegurar sucessos futuros. Se você está amarrado, tem de parar de arar a velha rotina. Mova-se mental e fisicamente.

Para ter uma perspectiva nova e mudar para uma nova direção, coma algo saudável e faça exercícios regulares. Você precisa do fluxo de novos elementos químicos em seu cérebro para acender sua imaginação criativa. Esse é o modo de dar início à renovação.

• Vá fazer uma caminhada no parque e saudar o sol nascente.
• Faça o mudra da oração diante de seu coração.
• Afirme: "Bem-vindo, Surya, Dissipador da Escuridão. Abençoe-me com sua luz".
• Visualize um banho de luz interior borbulhando miríades de ideias para novas direções criativas em sua vida.
• Sussurre seu muito obrigado.

Ritual 145
Vaporize seu Velho Eu para Longe

Use ervas e óleos perfumados

A água é um grande purificador. Se você não consegue nadar um quilômetro e meio no Mar Jônico ou no mar caribenho morno para aliviar e afastar seus cuidados e sentir-se revitalizado, você ainda pode encontrar renovação em um banho quente com ervas e óleos perfumados. A antiga erva indiana *tulsi*, também conhecida como manjericão sagrado, pode ser combinada com pétalas de rosas orgânicas em um saquinho e acrescentada ao seu banho para uma experiência rejuvenescedora. Na antiga *Ayurveda*, as ervas que regeneram são conhecidas como *medhia rasayana* ou *nervines* porque elas ajudam a acalmar a mente a e relaxar o corpo. Espalhe um pouco de óleo de fragônia, já que se acredita que ele é benéfico na harmonização do corpo-mente-espírito. Tente misturar sua própria receita herbácea com seus óleos e perfumes favoritos para massagear o corpo depois de um banho regenerador.

Em um recipiente de vidro, misture partes iguais (30 gramas de cada) de óleo de argan, óleo de jojoba, óleo de sementes de rosas e óleo de coco. Coloque três gotas de óleo de gerânio rosa, seis gotas de óleo de olíbano e entre seis e oito gotas de óleo de lavanda. Chacoalhe e guarde no refrigerador. Aplique-o ritualmente depois de seu banho.

Ritual 146
Cultive Novos Amigos

Traga novo sentido para sua vida

Talvez você gostasse de se tornar mais assertivo, menos crítico ou mais clemente. Ou gostaria de explorar um novo estilo de gestão ou tentar uma abordagem radical para um projeto criativo. Talvez você gostasse de mergulhar mais profundamente em uma disciplina espiritual em particular para obter mais significado. Se você andou lendo livros de autorrenovação, considerou-os úteis, mas ainda busca mais *insight*, você pode se beneficiar cultivando novo conhecimento e amigos para trazer novo significado para sua vida.

A cada dia, respire profundamente, aterre e centre-se. Acenda sálvia para limpar o espaço de quaisquer energias negativas. Feche seus olhos. Conduza um autoexame de suas qualidades, traços e hábitos para determinar o que você deseja mudar. Ou pense a respeito do novo conhecimento ou amizades que você gostaria de obter. Depois de seu período matinal de meditação, faça uma caminhada na Natureza e pense a respeito de como você pode iniciar o processo de mudança que, sem dúvida, irá envolver mais passos. Talvez você possa tomar ou dar aulas – um jeito infalível de conhecer gente nova e receber informação nova. Considere procurar um mentor, conselheiro espiritual ou guru. No trabalho, você pode tornar-se amigo do novo cara ou garota começando uma conversa relevante. Quando você sentir uma conexão forte com alguém, sugira continuar sua conversa tomando um chá ou café. Saiba que o processo de renovação começou.

Ritual 147
Chacoalhe Tudo

Renove-se com a lua nova

O ciclo lunar traz uma lua nova todos os meses (de vez em quando duas luas novas). Esse período é a época perfeita para abandonar velhos padrões de pensamento, coisas que já não servem a um propósito e medos que impedem seu avanço pessoal e crescimento espiritual. Está na hora de limpar a bagunça. Se você andou adiando um *checkup* de saúde por medo de uma má notícia ou começando uma rotina na academia que requer uma malhação diária ou uma reavaliação financeira depois de um ano fiscal ruim, encontre a coragem para começar de novo. Dar uma chacoalhada nas coisas de sua vida pode estimular o movimento, a oportunidade e o crescimento.

Na lua nova (tempo de renovação) de todos os meses, faça o seguinte ritual. Trabalhe com intenção. Limpe seu espaço pessoal e depois use óleo de cipreste, zimbro ou lavanda em um difusor para limpar as energias negativas de seu espaço. Dedique um tempo à meditação examinando quais pensamentos, medos ou culpa você pode estar retendo mentalmente que impede seu bem-estar e crescimento espiritual. Liberte-se deles. Depois, após a meditação, trabalhe liberando itens físicos em sua vida que já não servem a qualquer propósito.

Ritual 148
Arrume a Bagunça

Renove seu ambiente

Você mudou para sua casa há anos e todos os anos você traz coisas novas. Contudo, você não remove muita coisa. Bem depressa, você está com uma casa cheia de coisas que você andou estocando e nunca usa. Comece o processo de renovação arrumando a bagunça. Se você se sente saturado, escolha uma área para resolver – talvez a garagem, o sótão, um quarto que não está mais sendo usado como quarto de dormir. Coloque as caixas para fora – uma para doação, uma para coisas que precisam de conserto e outra para itens que você quer manter. Comece em uma área do quarto e trabalhe por todo o espaço. Quando você tiver enchido a caixa de doações, leve-a para o carro e comece outra caixa. No fim do dia, leve essas caixas direto para um lar de idosos, um brechó, um abrigo ou uma organização social. Quando seu espaço estiver limpo, você sentirá energia em um nível palpável se movimentando pelo espaço.

Uma vez por mês, faça um ritual de arrumação de bagunça. Coloque uma música animada. Arranje garrafas de água para manter-se hidratado enquanto você trabalha. Pegue as caixas para montar, as fitas e papel de embrulho. Divirta-se no processo de renovação de seu espaço e reafirmação de sua vida.

Ritual 149
Faça o Inesperado

Caso você queira sentir-se vivo e intensamente rejuvenescido, fique um pouco maluco. Faça algo espontâneo como um piquenique (mesmo que seja no jardim de casa) ou uma atividade totalmente incomum como dançar à luz da lua cheia ou deitar na neve fresca e fazer um anjo de neve. Talvez você tire uma folga para visitar uma área de preservação arquitetônica, passe uma tarde explorando antiguidades ou pegue o metrô para o fim da linha só porque pode. Se for primavera, vá comprar um pacote de sementes para um jardim de borboletas e jogue-as em um canteiro. Ou pegue um trem para qualquer lugar. Se for outono, faça uma torta de abóbora de improviso, usando uma abóbora doce comprada no mercado de produtores rurais.

Qualquer coisa que for fora do comum para você, dê uma chance. Você descobrirá a exuberância da juventude tirando e recolocando a rotina enfadonha que pode estar tornando seus dias chatos. Torne um ritual semanal focar em um período de respiração profunda. Traga sua atenção plena para o espaço de seu coração. Segure um cristal rosa enquanto você foca em seus pensamentos sobre alguma coisa divertida, nova e diferente para fazer. Diga uma intenção: "Hoje pretendo viver o mundo com alegria e fascínio infantis". Depois, vá e faça.

Ritual 150
Desenvolva uma Mentalidade Esperançosa

Confie que o melhor de sua vida está tomando forma

Você não tem de esperar para planejar uma nova vida para que a renovação aconteça. Ajuste seu pensamento neste momento, agora. Sua intenção de renovação vai direto para a matriz de energia do Universo e a mudança começa. Apegue-se às suas expectativas de que as coisas mudarão porque você quer que elas mudem e elas mudarão. Formule uma intenção, faça visualizações, escreva algumas afirmações positivas, aja de modo a criar um novo estilo de vida para o novo você, cultive a gratidão, confie e espere que a melhor vida que você já teve já está chegando até você. Você não precisa saber exatamente quando ou como, mas a mudança está vindo. Você pode contar com ela.

Segure em suas mãos um pedaço de ametista, um quartzo de cor roxa que traz serenidade e reequilíbrio. Ela também limpa a negatividade de seu espaço, portanto é bom manter um geodo alto de cristal roxo escuro no quarto de dormir. Ele trará uma nova energia. Coloque sua ametista no canto nordeste de sua casa, a área do auto cultivo e crescimento espiritual. Se você está vivendo tempos emocionais turbulentos, mantenha uma pedra de ametista rolada em seu bolso com objetivo de tocar para cura, calma e aterramento.

Ritual 151
Invista em um Novo Passatempo

Procure um que estimule o pensamento

Tem algum passatempo chamando-o? Se sim, considere como você pode usar um interesse em uma nova atividade não apenas para renovar seu espírito, mas beneficiar seu cérebro. Estudos científicos mostraram que passatempos como leitura, quebra-cabeças e escrever cartas podem ajudar a prevenir sintomas de demência, inclusive perda de memória. Mesmo existindo mudanças por doenças já acontecendo em seu cérebro, os cientistas dizem que manter seu cérebro ativo e envolvido, aparentemente, ajuda a manter determinados circuitos cerebrais funcionando com eficiência.

Os cientistas acreditam que as pessoas que têm a memória, pensamento e capacidade de aprendizado melhores, de algum modo, são capazes de retardar o aparecimento de sintomas de Alzheimer e outras demências. Considere um passatempo que exige que você resolva enigmas, ou aprenda uma nova língua, ou como tocar um instrumento musical. Todas as tardes, depois de um longo dia de trabalho, comece seu ritual colocando uma música que eleva seu espírito. Sente-se e feche os olhos. Inspire e expire profundamente seis vezes. Depois cante as palavras: "Om, shanti, shanti, shanti". Repetido três vezes, *shanti* (que significa paz) em geral considera-se significar paz no corpo, mente e espírito ou todo o ser. Recite o mantra antes de cair em cima de seu passatempo ou atividade escolhido para estimular as células de seu cérebro.

Ritual 152
Coloque Algum Otimismo em sua Vida com um Ritual

Empodere sua vida

Caso você não seja uma pessoa naturalmente otimista que vê o proverbial copo meio cheio em vez de meio vazio, existem algumas coisas que você pode fazer para cultivar mais otimismo e renovar seu espírito. Viva um dia de cada vez, como se fosse tudo o que você tem. Você não pode se preocupar com o passado ou o futuro. Coloque tudo o que você conseguiu apenas nesse dia único e perceba como sua atitude muda. Persiga os arco-íris em sua vida e chacoalhe o pensamento negativo para fora. Cerque-se de amigos que têm energia positiva e pensamentos otimistas. Ria alto a cada oportunidade. Seu estado natural é de alegria, não sombras. Entre para um clube otimista por meio do *Optimist International*, uma organização que estimula o otimismo usando suas convicções e seu trabalho em comunidades do mundo.

Formule uma intenção de sentir-se e refletir maior otimismo em sua vida. Acenda uma vela de jasmim para o otimismo. Escreva um bilhete para si mesmo com um rosto solar de sorriso nele que afirma: "Eu sou um raio de luz, espalhando alegria e otimismo aonde quer que eu vá, independentemente de quem eu encontre". Coloque um elástico fino e folgado em seu pulso. No decorrer de seu dia, puxe o elástico para lembrá-lo de seu compromisso com o otimismo.

Ritual 153
Peça a Três Amigos para o Raptarem

Divirta-se um pouco

Se você já teve um amigo que apareceu do nada e o levou para uma tarde de diversão, você sabe o quanto essas saídas o fazem sentir-se revigorado, estimulado e renovado. Por que esperar que os amigos tenham a ideia de que você precisa de uma folga da estagnação de seu marasmo diário? Chame-os e explique que esse é seu plano para sentir-se renovado. Talvez um ou mais deles também necessite de uma folga. Vão fazer degustação de vinho ou pegar a última sessão de um filme de arte no cinema local. Façam um piquenique na praia ou embrulhem alguns sanduíches e água e se dirijam a um sítio para comprar produtos locais. Se você gosta de artesanato, peça a seu amigo para se inscrever no grupo de uma loja de pintura de cerâmica local ou fazer aulas de trabalhos com contas juntos.

Se você aproveitar seu dia, por que não tornar a atividade uma incursão mensal para o desconhecido? Deixe cada amigo escolher um destino e atividade secretos a cada mês. Para estimular sua imaginação criativa para as ideias de saídas para se divertirem, coloque uma música alegre. Pegue um caderno de notas. Escreva seu nome e o de seus amigos. Diante de cada um, liste atividades que você sabe que eles adoram fazer.

Ritual 154
Organize um Grupo

Foque em sua paixão

Um jeito rápido de transformar sua vida e seguir em uma nova direção é focar em sua paixão. Envolver outros significa que você manterá sua atenção no funcionamento da organização e ficará focado. Se alguma vivência despertou sua paixão por algo – seja um ar ou água limpos, direitos dos animais, direitos humanos, viagem ecológica, vinícolas orgânicas ou outra coisa –, considere como você pode criar um movimento ou pelo menos uma organização para promover o interesse em sua ideia.

Logo após despertar, quando sua mente está revigorada pelo sono, reserve um tempo para fazer um pouco de respiração consciente. Comece meditando sobre ideias para uma nova direção da vida. Foque no que fala com mais vigor ao seu coração. Você pode desenvolver uma visão para um projeto de longo prazo que vá em direção à sua paixão mais forte? Se sim, quais poderiam ser algumas das etapas da ação para criar uma organização que vá ao encontro de seus interesses mais caros? Escreva suas ideias em um diário. Foque no significado que elas trazem para sua vida e por que você deseja passar semanas, meses, até anos envolvido no trabalho de um grupo que compartilha seu zelo. Quando você sentir que sua cabeça e seu coração estão alinhados em torno de sua visão, anote os passos para começar a realizá-la.

Ritual 155
Dê uma Escapulida para um Retiro de Casais

Potencialize intenção para um relacionamento melhor

Reacender seu relacionamento com seu esposo pode trazer a sensação de um novo começo. As mulheres vivem em seus corações e em suas mentes. Elas expressam amor, primariamente, com suas emoções enquanto os caras podem, em geral, expressar amor com ações. Compreender essa diferença pode ajudá-la e ao seu parceiro a construir novas pontes entre vocês. Quando você diz a ele que você se sente triste por vocês não compartilharem seus sentimentos como compartilhavam quando se casaram, ele pode sentir-se mal e querer consertar isso, mas esse conserto não ressoará com cada nuance das emoções que você pode ter ou estar sentindo. Se você procura validar e afirmar que está certa e quer que ele se comporte diferente, talvez você tenha de esquecer.

Em vez da cobrança, planeje um longo retiro de fim de semana no qual vocês dois são audiência cativa um do outro. No retiro, executem os passos seguintes sugeridos como um ritual diário por tanto tempo quanto seu retiro durar. Primeiro, deem-se as mãos, passeiem e conversem, e expressem livremente seus eus mais íntimos um para o outro. Pesque ou cavalgue com ele nas matas ou faça alguma outra atividade divertida. Homens gostam de atividades que ressoem com eles. Empenhe seu desejo de se aproximar e formular um plano com seu parceiro sobre como vocês dois farão essas atividades. Fale sobre seu plano de novo, antes de dormir.

Ritual 156
Crie um Dia do Perdão

Abandone a dor passada

Limpe a lousa e comece de novo – esse é um modo de sentir a renovação em sua vida. O Judaísmo tem seu Dia da Expiação (*Yom Kippur*), em que os fiéis olham para o ano passado e examinam suas transgressões. Em busca de perdão, eles formulam uma intenção de acertar as coisas entre eles e Deus e entre si. Desejando saúde e felicidade no ano vindouro, eles fazem penitência e pedem perdão para que possam abandonar as mágoas do passado que ou eles sofreram ou infligiram a outros. Você pode colocar essa prática sagrada antiga para funcionar para você. Escolha um dia a cada mês em que você passará um tempo refletindo. Use o tempo para examinar sua vida e tentar compreender como você deve cultivar um modo diferente de pensar e se comportar que serviria melhor a você e à sua comunidade.

Queime um pouco de incenso de sândalo para limpar e consagrar seu espaço sagrado. Acenda uma vela branca. Sente-se ereto, com os olhos fechados e seu foco em inalações e exalações profundas. Quando você se sentir centrado, confesse suas transgressões, peça perdão e deixe ir.

Ritual 157
Contemple a Morte

Aceite a vida

Sua Santidade, o 14º Dalai Lama defende que você deve ter consciência plena da morte como um modo de valorizar a dádiva da vida que lhe foi dada. Não existe nada tão esclarecedor sobre a preciosidade da vida como a certeza da morte. Ninguém escapa da morte. Esse é um ciclo repetitivo da natureza primordial. Todos os que nascem morrerão. No Ocidente, nós tendemos a evitar falar sobre a morte até que ela toque nossas vidas por meio de um membro da família, amigo, celebridade ou figura política, ou um herói pessoal.

Desde o nascimento, você está marchando para seu fim. Para muitos, isso significa que eles podem saltar alegremente pela vida e não valorizarem de verdade o quanto é espetacular a dádiva do nascimento humano. Na visão tibetana, a morte é um conceito. Ela deixa de existir quando a consciência bruta e o corpo físico são libertados. Embora muitos possam ver o exercício de pensar sobre a morte como uma atividade mórbida, na verdade ele oferece uma valorização mais profunda pelo que você tem e deve inspirá-lo a fazer mais com a vida que você obteve. Determine um dia da semana ou certos dias de todos os meses para uma meditação ritual sobre a vida e a morte. Cada vez que você fizer essa meditação, comece o ritual com um trabalho de respiração atenta, para sentir-se centrado e aterrado. Recolha-se ao templo de seu coração. Convoque o Universo para abençoá-lo com uma presença que o envolva em paz, segurança e amor, enquanto convida os pensamentos sobre o fim de seu tempo.

Ritual 158
Mude a Energia do Espaço Pessoal

Abra espaço interior

Dizem que você pode dizer o quanto a vida de uma pessoa é organizada olhando o quarto dele ou dela. Se seu quarto é uma bagunça total, os livros em uma pilha alta a partir do chão, as roupas jogadas em pilhas ou caixas e a cama não está feita, você deve se sentir tão desorganizado quanto em sua vida. Você sabe onde estão suas roupas de trabalho? As roupas limpas estão misturadas com as sujas? Você consegue encontrar dois sapatos do mesmo par? Você, pelo menos, consegue encontrar sua carteira ou as chaves do carro?

Se parte desse cenário lhe cala fundo, está na hora de criar espaço interior e exterior. Comece enfrentando aquele quarto. Pegue alguns contêineres de plástico com tampas que possam ser trancadas. Comece a pegar e organizar. Compre um pequeno arquivo ou consiga algumas caixas empilháveis para organizar seus documentos. Pendure um suporte com ganchos para chaves na parede. Lave, seque, dobre ou dependure sua roupa. Feche as portas do armário. Traga uma planta para dentro a fim de trazer oxigênio para seu quarto. A primeira coisa do dia, torne um ritual fazer sua cama e guardar suas roupas. Note como limpar a bagunça faz com que você se sinta mais no controle e cria mais espaço em sua consciência.

Ritual 159
Abra Mão dos Porquês

Encare o que é

Quando acontece algum ato insensato que toca nossas vidas, é um traço humano natural querer encontrar algum tipo de sentido a partir da tragédia. Por que os tornados passaram por sua comunidade, derrubando sua igreja, escola e banco? Como sua cidade se recuperará? Ou por que a única casa que deslizou pelo barranco foi a sua? Você perdeu tudo. Por quê? Ou por que o furacão destrói 15 casas em uma rua e deixa as ruas de trás e da frente intocadas? Perguntar a razão não é sem sentido, mas a verdade é que, de vez em quando, a razão de alguma coisa simplesmente não pode ser conhecida.

Quando um desastre natural acontece, em geral existe explicação científica. Mas ela não responderá o *porquê* da questão. Os membros do clero podem dizer que a razão é para um poder maior, não humano, saber. Para uma situação que produz a sensação de cataclismo, a melhor opção é aceitar a situação como ela é. Você será forçado a começar de novo. Torne um ritual diário começar o dia com a afirmação: "Estou determinado a encontrar força e resiliência em cada momento de meu dia enquanto recomeço minha vida".

Ritual 160
Cultive o Amor-Próprio

Renove-se diariamente

O amor-próprio é compaixão e cuidado para com o eu, não é "tudo eu". Amor-próprio é ação que inclui comportamentos e atitudes que você cultiva para valorizar-se melhor. A sociedade está sempre gritando mensagens dizendo que você tem de fazer mais, ser mais, dar mais. Esqueça as realizações que você ainda não atingiu, foque no ser adorável e singular que você é. Dê atenção ao que nutre seu crescimento espiritual, psicológico e emocional. Nutra-se com o cuidado diário que seu corpo-mente-espírito precisa.

Isso significa cuidar de seu corpo com uma boa nutrição, hidratação, sono adequado, exercício e intimidades e relacionamentos saudáveis com os outros. O amor-próprio demanda que você se proteja de energias danosas dos que não respeitam seus limites. Para cultivar o cuidado consigo, perdoe e abra mão da culpa. Você não se beneficia sentindo culpa em sua vida; e ser duro consigo não aprofundará sua felicidade ou sucesso. Ame a si mesmo e viva uma vida intencional em propósito com seus sonhos e desejos mais profundos. Transforme em um ritual acordar todos os dias e afirmar que é um novo dia cheio de possibilidades.

Reclame-o para si.

Sequências

Mude sua Mentalidade

- Promova sensações de admiração infantil.
- Cultive o otimismo.
- Desenvolva um senso de expectativa.

Chacoalhe as Coisas

- Escolha uma nova direção para sua vida.
- Imagine uma reforma nos incrementos.
- Abandone o passado.
- Faça uma sauna.

Crie Movimento

- Crie mais espaço interior limpando a bagunça à sua volta.
- Faça algo completamente inesperado.
- Inicie um novo passatempo.

Vá Fundo

- Pare de perguntar a razão e aceite o que é.
- Faça amizade com as questões do fim da vida.
- Cultive o amor-próprio.

Capítulo 10

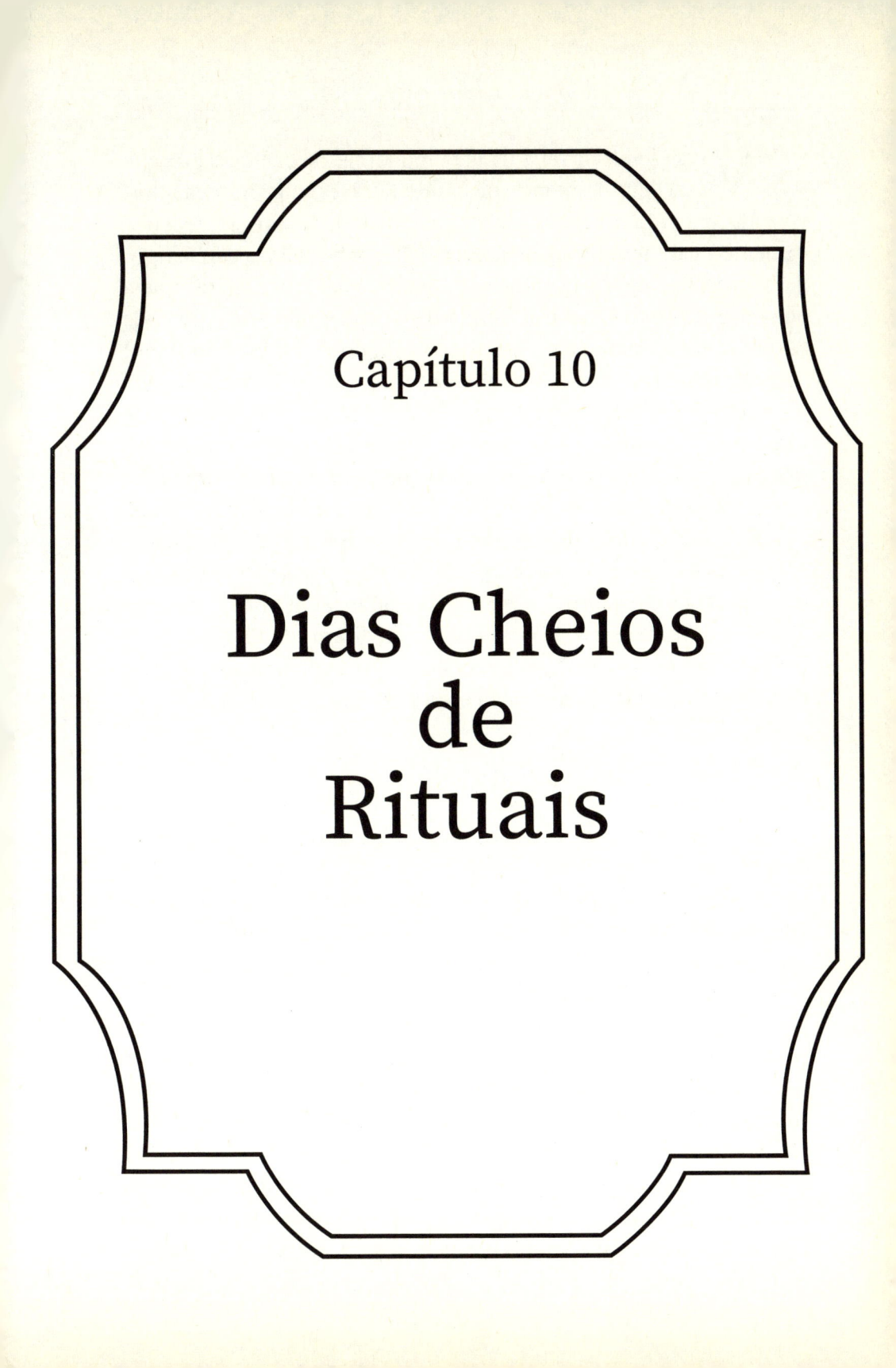

Dias Cheios de Rituais

Vivendo na correria da vida moderna, você pode sentir que está simplesmente passando através dos movimentos, vivendo sua vida como um reflexo, condicionado a reagir repetitivamente a gatilhos em vez de fazer escolhas conscientes para empoderar cada área de sua existência. Enquanto você corre em direção a paisagens desconhecidas e os limites distantes de sua vida, você pode se tornar desorientado e perder aquele sentido de maravilha infantil de que a vida não é carente de milagres e sagrada. Você se esquece de notar as presenças à sua volta – a energia de uma flor, a diligência de uma abelha, o semblante suave de seu parceiro ou esposa, a generosidade de um total estranho, os olhos cheios de alma de seu mestre ou professor de ioga, e as presenças poderosas em meditação e prece.

Sua vida adquire sentido quando você executa rituais, seja em grupos, como casal, ou sozinho. Em vez de esvoaçar por seus dias sem pensar muito sobre quando eles chegarão a um fim, ou viver ao modo de rotas de repetição e reação, obcecado em adquirir como um consumidor zeloso, você pode escolher viver com mais sabedoria e significado com uma consciência espiritual. Rituais facilitam.

Aplique Rituais à Saúde

Quando sua saúde mental e física é ameaçada por estresse ou doença crônica, tente um ritual para ser mais saudável. Você pode ter violado as leis da Natureza involuntariamente com hábitos insalubres que criaram desequilíbrios e doença. Restaure o bem-estar natural de seu corpo com rituais de boa nutrição, hidratação apropriada, exercício e sono profundo e reparador.

Escolha um ritual diário com que trabalhar quando você quiser enfatizar uma área de sua vida em particular, como saúde e bem--estar. **Aprecie o Arco-Íris** (Ritual 6) pode ser um bom ritual para começar o dia, já que a nutrição é um fator tão importante para uma boa saúde. E o ritual **Saboreie o Chá-Verde Sublime** (Ritual 19), já que é recomendado que você beba quatro copos por dia para ter os benefícios do chá-verde. Pratique, também, diariamente rituais de higiene tais como **Faça uma Raspagem Ritual** (Ritual 14) e **Mantenha seu **Intestino Saudável** (Ritual 17) para manter o equilíbrio de seu microbioma.

Uma vez por semana, você pode acrescentar ecoterapia a seu regime de saúde e **Agende uma Massagem Aiurvédica** (Ritual 22). Depois, uma vez por mês faça uma meditação **Aspire uma Lembrança** (Ritual 4) e equilibre seus chacras com o ritual **Use os Sons da Semente Bija** (Ritual 5).

Foque em Ser Mais Empoderado

Talvez seu maior desejo seja ter um propósito na vida, mas você está inseguro sobre como embarcar nesse processo. Para destravar sua grandeza interior, escolha diariamente um ritual como **Encontre seu Poder Interior** (Ritual 23) ou **Cultive sua Magnificência Interior** (Ritual 24). Tente cantar a fim de extrair para seu ser mais confiança e um estado emocional mais feliz. Se existem épocas em que a estagnação ameaça diminuir as centelhas de criatividade em sua interioridade ou lançar um manto de mediocridade mortal sobre sua vida, você pode escolher mudar para uma vibração mais elevada com um ritual de canto que estimula a transformação, como o **Use o Som das Sementes Bija** (Ritual 5). Acrescente uma prática semanal de se ligar com o Divino usando seus sentidos. Volte-se para dentro com um ritual como **Reconheça seus Dons Excepcionais** (Ritual 52). Depois, uma vez ao mês, faça o ritual **Embarque em um Retiro Pessoal** (Ritual 54).

Acesse um Estado de Maior Paz

Quando seu sistema corpo-mente está saudável e você sente-se mais empoderado, pode sentir-se desejoso por períodos prolongados de paz. Incorpore rituais diários para invocar e vivenciar o alívio profundo e os poderes curadores da paz. Incorpore em seu dia os rituais **Pratique Bondade Amorosa Consigo** (Ritual 47) e **Desvie Danos de Ruído de Fundo** (Ritual 48). Uma vez por semana invoque o ritual de sentar-se em silêncio sagrado com o ritual **Reconheça seus Dons Excepcionais** (Ritual 52). Em uma base mensal ou bimestral, planeje ouvir uma meditação guiada em um aplicativo e **Arranje Tempo para a Meditação** (Ritual 59) e **Encontre Paz pela Autoaceitação** (Ritual 60).

Cultive sua Prosperidade

Entre os polos de sentir-se próspero e não ter prosperidade existem infinitas possibilidades. Com o ritual de intenção e gratidão, você pode viver com mais abundância e ter maior prosperidade financeira em sua vida. Mude a energia estagnada da prosperidade para abrir o fluxo, trazendo mais do que você quer, com dois rituais poderosos – **Elimine Pensamentos de Escassez** (Ritual 61) e **Escreva uma Lista de Bênçãos** (Ritual 62). Use ferramentas como as listadas em **Borrife um Perfume de Sucesso** (Ritual 63) e **Atraia a Abundância com Citrino** (Ritual 64). Uma vez por semana, acrescente um novo ritual como **Marque seu Subconsciente** (Ritual 66) e **Mantenha o Dinheiro Circulando em sua Órbita** (Ritual 67). Na medida em que a energia da prosperidade continua a abrir e trazer suas dádivas para você, faça um ritual mensal **Pegue seu Talão de Cheques** (Ritual 69) e escreva um cheque para si mesmo. Duas outras atividades mensais podem incluir **Busque a Riqueza Interior** (Ritual 74) e **Nutra Outros em Direção à sua Grandeza** (Ritual 77). Quando dar as boas-vindas à abundância se torna uma norma, provavelmente, você se sentirá grato e inspirado a devolver. Veja o capítulo sobre a gratidão (capítulo 6) para rituais de como fazer essa retribuição.

Expresse-se com Mais Gratidão

Quando você quer ter uma vida mais grata (e, portanto, mais feliz), um bom hábito diário é registrar qual abundância já é sua para reivindicar. Esse ato é parecido com contar suas bênçãos. Um bom ritual com que começar é **Mantenha um Diário de Gratidão** (Ritual 83). Mantê-lo o lança em um caminho de ver a bondade que já está fluindo para sua vida. Depois, você faz uma transição fácil para tornar a gratidão um princípio norteador diário de sua vida com o ritual **Semeie Sementes de Gratidão** (Ritual 84), começando com quem você ama. Outro ritual diário **Reze com Frequência** (Ritual 90) e também **Mostre Gratidão com** *Ahimsa* (Ritual 86). Uma vez por semana faça um ritual de expressão de sua gratidão com muita atenção usando uma comunicação pessoal – **Escreva uma Carta** (Ritual 88). **Instale um Jarro de Prêmio de Gratidão** (Ritual 95) e **Pendure uma Lousa com Canetas** (Ritual 98). Reserve um tempo mensalmente para ler os bilhetes no jarro e na lousa. Deixe-os inspirá-lo para sentimentos ainda maiores de gratidão.

Entre em Contato com seu Lado mais Intencional

A linguagem precisa é importante quando se trata de tornar seus desejos conhecidos pelo Universo. Comece agora declarando suas intenções para hoje, amanhã e a vida futura que você imagina. Em base diária, reveja o primeiro ritual em **Aprenda a Ser Preciso** (Ritual 101) de modo que você saiba como elaborar frases com as intenções de seu desejo. Depois prossiga e **Agarre a Oportunidade Quando ela se Mostrar** (Ritual 102). Se você está procurando um amor, releia o ritual para **Encontre o Amor Verdadeiro** (Ritual 104) e dê um pouco de atenção a esse ritual em uma base semanal. **Entendendo-se Melhor com os Outros** (Ritual 114) pode sinalizar uma mudança importante para que você possa abrir o caminho para que entre em sua vida uma nova pessoa romântica. A cada mês, use o conselho em **Crie um Carma Melhor** (Ritual 116). O início ou fim de um mês também é uma boa ocasião para **Traga Luz ao seu Desejo de Empreender** (Ritual 118). Na medida em que você trabalha com intenções e a lei universal da atração, você descobrirá que sua vida está mudando para uma nova direção enquanto você se abre aos reinos da possibilidade infinita e se torna um cocriador com o Divino de cada aspecto de sua vida.

Aterre-se Quando Precisar de Equilíbrio

Quando os desafios da vida chegam a você mais rápido do que é confortável para você administrar, pare e respire de volta para a atenção plena e equilíbrio. Reveja e pratique técnicas em **Faça um Retiro para a Prática de *Mouna*** (Ritual 123) e depois **Ancore-se** (Ritual 124) em um momento de plena consciência. Esses dois rituais se tornarão seu refúgio diário. Quando você sente a necessidade de mais aterramento em suas funções cotidianas, reveja **Use os Cristais Antigos** (Ritual 127). Faça asanas de ioga tais como **Torne-se a Raiz da Árvore** (Ritual 121) e faça visualizações como as encontradas no ritual **Toque sua Raiz** (Ritual 122). Na medida em que obtém alívio vindo dessas práticas diárias, considere formular uma sequência de asanas de ioga que você pode ficar à vontade para fazer toda a semana a fim de garantir que você permaneça equilibrado e aterrado. **Crie um Ritual de Ioga Personalizado** (Ritual 128) pode beneficiar seu trabalho e outras questões enquanto você dedica um tempo ao seu tapete de ioga. Encontre tempo todas as semanas para estreitar os vínculos com seu animal de estimação. Veja **Passe Bons Momentos com a Srta. Gatinha** (Ritual 139) para sugestões de como seu animal de estimação pode ajudá-lo a aterrar-se e centrar-se. Planeje um retiro de aterramento mensal – **Visite a Praia** (Ritual 133) ou **Explore o Tônico da Vida Selvagem de Thoreau** (Ritual 129).

Crie um Eu Mais Renovado

Se você não está satisfeito com o modo como as coisas estão se passando atualmente, use o poder da intenção para mudar sua vida em novos rumos. Se você pode imaginar essa vida e visualizá-la, você pode fazer com que ela aconteça. Supercarregue seu sonho com emoções como se você já tivesse trazido esse sonho para a realidade e verá o nascimento de um novo você bem rápido. Renovação não tem de ser complicada; de fato, ela pode ser bem simples, como uma brincadeira de criança. Apenas **Assuma sua Natureza Selvagem** (Ritual 141) e escolha ir para a frente. Para encontrar algumas ideias **Faça uma Escolha Profunda** (Ritual 142). Você pode fazer esses rituais todos os dias e encontrar algo novo neles junto com **Pare de Arar Terreno Velho** (Ritual 144). Uma vez por semana, tome um belo e longo banho quente gostoso com ervas para ajudá-lo. **Vaporize seu Velho Eu para Longe** (Ritual 145). Depois, dedique-se a atividades que tragam novos amigos e experiências para sua órbita e **Dê uma Escapulida para um Retiro de Casais** (Ritual 155) ou **Organize um Grupo** (Ritual 154) ou **Peça a Três Amigos para o Raptarem** (Ritual 153). Em uma base mental, dedique um tempo espiritual para ponderar sobre o perdão e o fim da vida. Veja **Crie um Dia de Perdão** (Ritual 156) e também **Contemple a Morte** (Ritual 157) para adotar uma valorização nova por seu presente precioso da vida. Dê mais sentido à sua vida com a prática de seus rituais diários, semanais, mensais. Torne sua vida abençoada e gratificante.

Índice Remissivo

A

Abandonando, adversidade 52, 151
Abandonando, as tensões 20
Abandonando, culpa 76, 77, 86, 143, 193, 206
Abandonando, estresse 14, 20, 21, 22, 29, 36, 43, 44, 68, 72, 74, 75, 76, 79, 81, 104, 126, 132, 144, 168, 169, 173, 174, 176, 181
Abandonando, medos 34, 193
Abandonando, o passado 18, 48, 131, 138, 190, 198
Abundância, atraindo 42, 84, 90, 94, 95
Acupuntura 5, 36
Ahimsa 7, 120, 213
Ajustamento, fazendo 46, 47, 55, 126, 138, 146, 150, 174
Alma gêmea, encontrando 61
Amor, compartilhando 47
Amor, encontrando 61
Amor-próprio 206
Arte, criando 145, 154,
Ashram, visitando 131, 135
Autoaceitação 7, 86

B

Bagunça, limpando 31, 44, 207
Brincar, benefícios de 18, 34, 80

C

Carrilhão, dependurando 172
Cartas, escrevendo 49, 53
Chacra Muladhara 9, 167
Chacras 23, 183
Comunidade, ajudando 103
Conexão com a Terra 9, 161
Conflito, reduzindo 44
Controle, libertando-se 176

D

Dieta, melhorando 21
Dinheiro, circulando 71, 96
Dinheiro, visualizando 96
Dons da vida, dando 181

E

Ecoterapia 5, 29
Energia, absorvendo 72
Energia, feminina 57
Energia fluxo, melhorando 21
Equilíbrio, melhorando 21
Escolhas, profundas 20, 27, 46, 63, 163, 188, 202
Escrever, cartas 197,
Espaço, coração 18, 20, 23, 28, 30, 33, 37, 43, 46, 49, 51, 66, 69, 78, 80, 82, 85, 107, 115, 121, 123, 124, 126, 127, 129, 130, 134, 135, 139, 145, 147, 151, 153, 155, 158, 163, 167, 168, 177, 182, 183, 190, 195, 200, 203
Espaço, criando 145, 154
Espaço pessoal, limpeza 32, 86, 121, 132, 142, 177
Espaço sagrado 228
Espaço, sagrado 50, 52, 61, 63, 66, 79, 92, 120, 121, 191, 202, 212
Espírito, nutrindo 44, 61

F

Feng Shui 7, 98

G

Gatos, amor 49, 60, 73, 92, 99, 102, 116, 119, 126, 135, 152, 153, 158, 159, 179, 181, 201, 203, 206, 207, 213
Gratidão, diário 18, 26, 32, 33, 35, 45, 48, 49, 81, 106, 109, 117, 121, 132, 133, 145, 150, 199, 200, 201, 205, 206, 210, 212, 213, 214
Gratidão, jarro 129
Gratidão, sementes de 26, 118, 135, 191

I

Imaginação, poder da 21, 56, 84, 151, 156, 182, 214
Ioga, nidra 30, 39
Ioga, prática 18, 20, 24, 31, 32, 34, 36, 38, 44, 74, 78, 81, 85, 114, 118, 120, 122, 124, 145, 147, 150, 163, 177, 183, 202, 211, 215
Ioga, pré-natal 34

L

Língua, raspagem 32
Lista de bênçãos 217
Lousa, criando 145, 154

M

Mantras, recitando 98
Massagem, olhos 22, 26, 27, 39, 45, 67, 71, 72, 83, 96, 116, 119, 122, 123, 124, 127, 140, 163, 164, 165, 166, 167, 175, 179, 187, 189, 192, 197, 202, 210
Mentalidade, mudando 150, 213
Mouna, prática de 31, 78, 114, 120, 124, 145, 2154
Mural, dependurando 172, 217

N

Negatividade, liberando 174, 193

P

Paz interior, encontrando 61
Pedras, poder das 68
Pele, nutrindo 44, 61
Perdão 10, 202
Poder inteiror, encontrando 61,
Possibilidades de riqueza, atraindo 42, 84, 90, 94, 95
Prana 6, 50
Prática de incorporação 218
Prosperidade, atraindo 42, 84, 90, 94, 95
Prosperidade, manifestando 100, 140
Prosperidade, rituais 5, 11, 14, 15, 18, 31, 34, 42, 92, 109, 114, 162, 186, 210, 211, 212, 214, 215
Prosperidade, visualizando 96

R

Raízes das árvores, visualizando 96
Raízes, visualização 80, 86, 138, 143, 162, 182, 189
Raiz, visualização 80, 86, 138, 143, 162, 182, 189
Realização de desejos, joia 94, 105, 164
Refeições, coloridas 24
Refeições, compartilhando 47
Relaxamento 173
Resiliência 159
Retiro, Natureza 29, 42, 56, 66, 75, 80, 121, 203

Retiro, pessoal 22, 45, 52, 55, 60, 63, 73, 75, 101, 106, 109, 121, 122, 135, 156, 170, 172, 193, 203, 213

Riqueza, interior 29, 43, 44, 45, 48, 49, 50, 54, 55, 56, 61, 66, 70, 75, 77, 78, 80, 82, 83, 85, 87, 107, 111, 124, 139, 144, 155, 164, 165, 166, 176, 179, 187, 190, 204, 207, 211

Rituais 5, 6, 7, 8, 9, 10, 11, 13, 14, 17, 41, 65, 89, 113, 137, 161, 185, 209, 210
    Dias cheios de rituais 209
    Prosperidade, rituais 89
    Rituais de aterramento 161
    Rituais de gratidão 113
    Rituais de intenção 137
    Rituais de renovação 185
    Rituais de saúde 17
    Rituais para a paz 65
    Vida com um ritual 198

Rituais de aterramento 161
    Aceite o que Você não Pode Mudar 173
    Afine seu Chacra Muladhara 167
    Ancore-se 166
    Arranje Tempo para Dormir Mais 168
    Bloqueie os Sentidos 179
    Compartilhe Alimento 180
    Crie um Ritual de Ioga Personalizado 170
    Encontre Espaço em seu Coração 182
    Escolha Minimizar suas Perdas 176
    Explore o Tônico da Vida Selvagem de Thoreau 171
    Faça um Retiro para a Prática de Mouna 165
    Fique Ancorado Instantaneamente 177
    Passe Bons Momentos com a Srta. Gatinha 181
    Passe Momentos de Qualidade em uma Rede 172
    Procure Alicerces Espirituais 174
    Sente-se em seu Tapete Mágico 178
    Toque sua Raiz 164
    Torne-se a Raiz da Árvore 163
    Use os Cristais Antigos 169
    Visite a Praia 175

Rituais de empoderamento 41
    Adicione a Maestria a seu Legado 62
    Agende uma Massagem Aiurvédica 44
    Ative sua Voz Autêntica 56
    Celebre suas Amizades 60
    Cerque-se de Coisas Significativas 59
    Comungue com o Sagrado 61
    Crie sua Narrativa 51

Cultive sua Magnificência Interior 46
Cultive sua Singularidade 55
Cultive um Sentido de Propósito 48
Descubra sua Luz Interior 43
Desenvolva um Amor-Próprio Profundo 49
Desfrute de uma Renovação por Cinco Minutos 58
Desperte seu Feminino Poderoso 57
Encontre seu Poder Interior 45
Estabeleça Limites 54
Impregne um Xale com Prana 50
Proporcione o Dom da Vida 47
Realize um Sonho 53
Seja corajoso 52
Rituais de gratidão 113
    Analise as Intenções por Trás de seus Presentes 125
    Escreva uma Carta 122
    Expresse Gratidão em Casa 119
    Faça um Retiro de Gratidão 134
    Fortaleça os Laços de Amor 130
    Instale um Jarro de Prêmio de Gratidão 129
    Mantenha um Diário de Gratidão 117
    Mostre Gratidão com Ahimsa 120
    Pendure uma Lousa com Canetas 132
    Poste Retratos nas Mídias Sociais 128
    Preste Homenagem às suas Mãos 116
    Renove seu Olhar 123
    Respire Gratidão 115
    Retribua 133
    Reze com Frequência 124
    Seja Grato aos seus Animais de Estimação 126
    Semeie Sementes de Gratidão 118
    Tire os Velhos Álbuns de Fotos do Armário 131
    Valorize seu Sucesso Material 127
    Visite um Ashram 121
Rituais de intenção 137
    Agarre a Oportunidade quando Ela se Mostrar 140
    Aprenda a Ser Preciso 139
    Controle suas Emoções 153
    Crie um Carma Melhor 154
    Crie uma Nova Vida 143
    Cultive uma Saúde Perfeita 145
    Declare a Intenção de ser um Progenitor Melhor 148
    Defina uma Intenção para sua Prática de Ioga 147
    Encontre o Amor Verdadeiro 142

    Encontre o Emprego de seus Sonhos 146
    Entendendo-se Melhor com os Outros 152
    Funcione com Dieta 150
    Intenção para mais Força de Vontade 151
    Intenções para Lidar com a Dor 144
    Receba seu Convidado como Deus 149
    Reivindique sua Divindade 158
    Seja seu Próprio Herói 141
    Seja uma Força para o Bem em sua Comunidade 157
    Trabalhe pela Mudança Global 155
    Traga Luz para seu Desejo de Empreender 156
Rituais de renovação 185
    Abra Mão dos Porquês 205
    Arrume a Bagunça 194
    Assuma sua Natureza Selvagem 187
    Chacoalhe Tudo 193
    Coloque Algum Otimismo em sua Vida com um Ritual 198
    Contemple a Morte 203
    Crie um Dia do Perdão 202
    Cultive Novos Amigos 192
    Cultive o Amor-Próprio 206
    Dê uma Escapulida para um Retiro de Casais 201
    Desenvolva uma Mentalidade Esperançosa 196
    Faça o Inesperado 195
    Faça uma Escolha Profunda 188
    Invista em um Novo Passatempo 197
    Mude a Energia do Espaço Pessoal 204
    Organize um Grupo 200
    Pare de Arar Terreno Velho 190
    Peça a Três Amigos para o Raptarem 199
    Procure Fazer a Reforma Fundamental 189
    Vaporize seu Velho Eu para Longe 191
Rituais de saúde 17
    Acolha o Amanhecer 19
    Adote Lagom 31
    Amarre ou Retire seus Sapatos e Vá em Frente 33
    Aprecie o Arco-Íris 24
    Aproveite a Ioga Pré-Natal 34
    Aspire uma Lembrança 22
    Cante 21
    Coma para a Saúde dos Olhos 26
    Desfrute de um Sono Melhor 30
    Encontre Tempo para Ecoterapia 28
    Faça Respirações Profundas 20

       Faça uma Raspagem Ritual 32
       Mantenha seu Intestino Saudável 35
       Perceba Sinais de Problemas de Saúde 28
       Polvilhe com Cúrcuma 25
       Pratique Qi Gong ou TaiChi 38
       Revigore seus Olhos 27
       Saboreie o Chá-Verde Sublime 37
       Tente Acupuntura como Terapia Preventiva 36
       Use os Sons da Semente Bija 23
Rituais para a paz 224
       Arranje Tempo para a Meditação 85
       Beba um Elixir Poderoso 70
       Descanse sob Cetim Perfumado 67
       Desvie Danos de Ruído de Fundo 74
       Embarque em um Retiro Pessoal 80
       Encontre a Paz em Meio à Incerteza 71
       Encontre a Paz por Meio da Arte 75
       Encontre pela da Autoaceitação 86
       Faça um Passeio Sensual na Chuva 82
       Mergulhe na Consciência Serena 79
       Mime seu Sentido do Olfato 68
       Obtenha Paz de Espírito 83
       Perdoe Mágoas Antigas 69
       Pratique Bondade Amorosa Consigo 73
       Proporcione Expressão à sua Alma 84
       Proteja-se em uma Bolha Visual 72
       Reconheça seus Dons Excepcionais 78
       Rompa com a Negatividade 81
       Toque a Paz por Todo o seu Dia 76
       Ultrapasse a Perfeição 77
Ruídos de fundo, desviando 229

S

Saúde, mantendo 167
Sementes Bija 211
Sequências 5, 6, 7, 8, 9, 10, 39, 63, 87, 111, 135, 159, 183, 207
       para rituais de aterramento 183
       para rituais de gratidão 135
       para rituais de intenção 159
       para rituais de pacificação 87
       para rituais de prosperidade 111
       para rituais de renovação 207
       para rituais de saúde 39
       para ritual de empoderamento 63

Silêncio, observando 145
Singularidade 6, 55
Sono, melhorando 21

T

Tai chi, prática 18, 20, 24, 31, 32, 34, 36, 38, 44, 74, 78, 81, 85, 114, 118, 120, 122, 124, 145, 147, 150, 163, 177, 183, 202, 211, 215
Temperos, sagrados 61, 121
Tragédia, compreendendo 153

V

Verificação, escrita 132
Vida, sagrada 25, 52, 70, 84, 165, 202, 210
Vida Selvagem, tônico de 73
Visão, nova 24, 31, 54, 71, 74, 99, 106, 123, 135, 143, 168, 172, 186, 188, 189, 190, 192, 193, 195, 196, 197, 200, 207, 213, 215